Zum gegenwärtigen Stand der Lehre vom Verbrechen*)

Von Dr. Wilhelm Gallas, Professor in Heidelberg

Die Diskussion um den systematischen Aufbau der Verbrechenslehre ist in der deutschen Strafrechtswissenschaft seit den Tagen der Hegel-Schule nicht mehr abgebrochen. Sie hat zwar zu Lösungen geführt, die wie zuletzt das mit den Namen v. Liszt und Beling verbundene System für längere Zeit eine beherrschende Stellung zu erringen vermochten. Immer wieder kam es jedoch zu Gegenbewegungen, die das Gewonnene in einem beharrlichen Auflösungs- und Umwertungsprozeß wieder in Frage stellten oder durch einen Neubau von Grund auf zu ersetzen suchten. Bis zu einem gewissen Grade mag dieses Nicht-zur-Ruhe-kommen sich aus den Grenzen erklären, die der Lösbarkeit der hier gestellten systematischen Aufgabe durch die Eigenart unseres begrifflichen Denkens gezogen sind: eines Denkens, das des Gegenstandes in seiner wesensmäßigen Einheit nicht unmittelbar habhaft zu werden vermag, vielmehr auf eine Zergliederung in Einzelmerkmale angewiesen ist, wodurch die ursprüngliche Einheit in eine Mehrheit bloßer Teilmomente aufgelöst, das ursprüngliche Zugleich in ein logisches Nacheinander verwandelt wird. Im wesentlichen jedoch spiegelt die wechselvolle Geschichte der Verbrechenslehre die sachlichen und methodischen Gegensätze wider, die sich einerseits an das Aufkommen neuer kriminal- und allgemeinpolitischer Zielsetzungen, andererseits an das Fortschreiten des philosophischen Denkens knüpfen.

Nur in diesem allgemeinen Zusammenhang betrachtet, wird auch die gegenwärtige Phase der Entwicklung in ihrer vollen Tragweite verständlich. Sie erhält bekanntlich ihr besonderes Gepräge durch den Versuch, die »Finalität« alles menschlichen Handelns zum Ausgangspunkt einer Revision des überkommenen Verbrechensaufbaus zu machen, und durch die lebhafte Auseinandersetzung, die sich hieran im Schrifttum und neuerdings auch in der in diesen Fragen sonst höchst konservativen Praxis[1]) angeschlossen hat.

*) Der Text gibt, von geringfügigen Zusätzen abgesehen, das Referat wieder, das der Verf. am 10. Juni 1954 auf der Tagung der deutschen Strafrechtslehrer in Tübingen gehalten hat.

[1]) Wofür der Beschluß des GrSSt des BGH. v. 18. 3. 1952 (BGHSt. 2, 194) das bedeutsamste Beispiel ist.

I.

Die finale Handlungslehre erscheint, in historischem Zusammenhang betrachtet, als der vorläufige Abschluß einer Entwicklung, die durch die fortschreitende Zersetzung und Umformung des Liszt-Belingschen (im folgenden: »klassischen«) Systems gekennzeichnet ist. Den vielfach verschlungen Pfaden dieser Entwicklung im einzelnen nachzugehen, ist an dieser Stelle weder möglich noch notwendig. Das im vorliegenden Zusammenhang Wesentliche ergibt, in ein vereinfachendes Schema gebracht, das folgende Bild:

1. Der klassische Verbrechensbegriff setzt sich aus der »Handlung« als Gattungsmerkmal und den Handlungsattributen »tatbestandsmäßig«, »rechtswidrig« und »schuldhaft« als Artmerkmalen zusammen. »Handlung« bedeutet willkürliches, d. h. vom Willen bestimmtes menschliches Verhalten zur Außenwelt. Der Wille wird dabei jedoch nur in seiner Kausalität auslösenden Funktion erfaßt, d. h. es kommt nicht darauf an, was der Täter gewollt, sondern daß er überhaupt irgend etwas gewollt hat. Auch die Artmerkmale »tatbestandsmäßig« und »rechtswidrig« lassen den Inhalt des Täterwillens unberücksichtigt; sie erstrecken sich lediglich auf die äußere, »objektive« Seite der Handlung, beschreiben und werten die Tat nur als »Außenweltsveränderung«. Erst für die Frage, ob der Täter auch »schuldhaft« gehandelt hat, wird das »Was« seines Wollens bedeutsam.

»Tatbestandsmäßig« ist die Handlung, soweit sie sich einem »Tatbestand«, d. h. einer der gesetzlichen Beschreibungen des äußeren Umrisses deliktischen Verhaltens einordnen läßt. Ein Werturteil ist damit grundsätzlich noch nicht abgegeben. Ein solches enthält vielmehr erst die Feststellung der »Rechtswidrigkeit« der Handlung, d. h. eines Widerspruchs zwischen dem, was der Täter objektiv getan hat, und den Anforderungen der Rechtsordnung. Die Subsumtion unter den wertfreien Tatbestand vermag als solche die Rechtswidrigkeit noch nicht zu begründen. Wohl aber wird diese durch die Tatbestandsmäßigkeit »indiziert«; denn das als deliktisch beschriebene Verhalten wird regelmäßig auch verboten sein. Freilich nur regelmäßig, wie die Möglichkeit einer »Rechtfertigung« — etwa im Falle der Notwehr — zeigt. »Schuldhaft« endlich ist die Handlung, wenn sie im Hinblick auf die psychische Beziehung zwischen Täter und Tat diesem auch subjektiv zugerechnet werden kann, d. h. aber, wenn der Täter sie im Zustand der Zurechnungsfähigkeit entweder »vorsätzlich« oder »fahrlässig« begangen hat.

2. Die kritischen Auseinandersetzungen, die sich in der Folgezeit an diese in ihrer logischen Klarheit und Praktikabilität immer

wieder bestechende Systematik knüpften, verliefen, im großen gesehen, in zwei Phasen. Die erste steht im Zeichen einer »teleologisch-wertbezogenen« Betrachtungsweise, die ihre entscheidenden Impulse kriminalpolitisch der modernen Strafrechtsschule, methodisch der südwestdeutschen Wertphilosophie entnimmt und dem »Formalismus« sowohl wie dem »Naturalismus« der herrschenden Verbrechenslehre entgegengesetzt wird[2]).

Ihr dogmatisch wichtigstes Ergebnis ist die Zurückdrängung des formellen, auf die Normwidrigkeit der Rechtsverletzung abstellenden zugunsten eines materiellen, am Rechtsschutzzweck orientierten Rechtswidrigkeitsbegriffs. Verbrechen ist Unrecht, soweit es geschützte Rechtsgüter verletzt oder gefährdet. Damit war einerseits der Weg zu einem »übergesetzlichen« Unrechtsausschluß unter dem Gesichtswinkel der »Güterabwägung« geebnet, andererseits die prinzipielle Beschränkung des Rechtswidrigkeitsurteils auf die objektive Tatseite und die bisherige scharfe Scheidung zwischen Tatbestandsmäßigkeit und Rechtswidrigkeit in Frage gestellt: Der Unrechtsgehalt des Diebstahls als eines Eigentumsdelikts etwa schien nur durch Einbeziehung der Zueignungsabsicht als eines »subjektiven Unrechtselements« erfaßbar. Der Tatbestand aber ließ sich von dem Zweckzusammenhang mit der Rechtsschutzfunktion des Strafrechts nicht mehr trennen. Er verlor seine Wertfreiheit, wurde zur gesetzlichen Beschreibung der für das jeweilige Delikt typischen Rechtsgutsverletzung und damit aus einem bloßen Rechtswidrigkeitsindiz (ratio cognoscendi) zum Träger (ratio essendi) des Deliktsunrechts.

Mit der Entdeckung subjektiver Unrechtselemente entfiel schließlich auch die Möglichkeit, Rechtswidrigkeit und Schuld wie bisher derart gegeneinander abzugrenzen, daß man jene der objektiven, diese der subjektiven Seite der Handlung zuordnete. Man fand jedoch in der »Vorwerfbarkeit« ein »normatives« Schuldelement, das es gestattete, die Schuld nunmehr auch sachlich vom Unrecht (Rechtsgutsverletzung) zu unterscheiden. Vorsatz und Fahrlässigkeit sanken damit von der Stellung als Schuldarten zu der bloßer Schuldformen hinab.

Dieser Prozeß der Umformung bisher deskriptiv-formeller in normativ-materielle Elemente wurde nur vereinzelt so weit vorge-

---

[2]) Repräsentativ für die neue Richtung sind das Lehrbuch Mezgers (2. Aufl. 1931) und die von Eb. Schmidt besorgte 26. Aufl. des 1. Bd. des Liszt'schen Lehrbuchs (1932). Zum Methodischen vgl. Erik Wolf, Strafr. Schuldlehre (1928); Schwinge, Teleologische Begriffsbildung im Strafr. (1930); Grünhut, Frank-Festg. 1,1; H. Mittasch, Die Auswirkungen des wertbeziehenden Denkens in der Strafrechtssystematik (1939).

trieben, daß ihm auch der Eckstein des überkommenen Systems, der »natürliche« Handlungsbegriff, zum Opfer fiel. So etwa in dem Vorschlag Radbruchs[3]), an Stelle der Handlung die »Tatbestandsverwirklichung« zum Grundbegriff der Verbrechenslehre zu machen. Im allgemeinen hielt man an der Handlung als dem unentbehrlichen realen Anknüpfungspunkt für die normativen Handlungsattribute fest[4]).

3. Die zweite Phase der neueren Diskussion um den Aufbau des Verbrechensbegriffs (zeitlich sich mit der ersten teilweise überschneidend) ist durch eine Verschiebung des Akzents auf die »personal-ethische« Seite des Verbrechens gekennzeichnet. Philosophisch knüpft diese Richtung an Hegel, die Phänomenologen und die modernen ontologischen und anthropologischen Ansätze an[5]), rechtspolitisch ist sie durch das Vordringen des Gemeinschaftsgedankens beeinflußt. Ihre wesentlichen dogmatischen Ansatzpunkte sind der materielle Unrechtsbegriff und die Handlungslehre.

In kritischer Auseinandersetzung mit der teleologischen Richtung wird der Blick auf die personale und sozialethische Seite des Unrechts gelenkt: Verbrechen ist Unrecht, nicht nur als Rechtsguts- oder Interessenverletzung, sondern auch oder sogar in erster Linie als »Pflichtverletzung« und »Gesinnungsausdruck«[6]). Diese Ethisierung des Unrechtsbegriffs fand ihren systematischen Ausdruck einerseits in einer »ganzheitlichen«, Unrecht und Schuld miteinander verschmelzenden Verbrechensauffassung[7]), andererseits in dem Versuch, das Verbrechen nicht mehr nach den ineinander überfließenden Handlungsattributen, sondern nach Tat- und Tätertypus aufzugliedern[8]). In der Folgezeit sind diese Ansätze nicht weiter fortgeführt worden. Der Schwerpunkt der Diskussion hat sich vielmehr auf die Bemühungen um einen personalen Handlungsbegriff verlagert, de-

---

[3]) Radbruch, Frank-Festg. 1, 162.

[4]) Über die Schwierigkeiten, die sich dabei aus der Erscheinung der Unterlassungsdelikte ergaben, s. unten S. 8ff.

[5]) Vgl. dazu Erik Wolf, Vom Wesen des Täters (1932); Welzel, Naturalismus u. Wertphilosophie im Strafr. (1935).

[6]) Vgl. etwa Dahm, ZStaatsW. 95, 283; Schaffstein, Verbrechen als Pflichtverletzung (1935). Dagegen: Schwinge-Zimmerl, Wesensschau u. konkretes Ordnungsdenken im Strafr. (1937). Vermittelnd: Engisch, MSchrKrimPsych. 25 (1934), 65; Gallas, Festschr. f. Gleispach (1936) S. 50ff.; H. Mayer, DtStrafr. NF 5 (1938), 73.

[7]) Zusammenfassend Schaffstein, ZStW. 57, 295.

[8]) Vgl. Erik Wolf, ZAkDR. 1936, 358, aber auch DRWiss. 4, 179 zu N. 3; Gallas a. a. O. S. 69 (aufgegeben ZStW. 60, 388 N. 18).

ren vorläufigen Abschluß das vor allem von Welzel ausgebaute System der »finalen Handlungslehre« bildet[9]).

In diesem System[10]) scheint es gelungen, ohne Preisgabe des für unser bisheriges Rechtsdenken fundamentalen sachlichen Unterschiedes zwischen Unrecht und Schuld die Anliegen sowohl der personalen als auch der teleologischen Richtung zu einer Synthese zu vereinigen: Als Willensverwirklichung wird die final verstandene Handlung zum tauglichen Anknüpfungspunkt für die personalen Elemente des Unrechts; als Willensverwirklichung wohnt ihr zugleich ein kausales Moment inne, das zum Träger der Erfolgsseite des Unrechts, der Rechtsgutsverletzung oder -gefährdung, werden kann. Mit der Einbeziehung des Willensinhalts in den Handlungsbegriff wird freilich entgegen dem überkommenen Verbrechensaufbau der Vorsatz aus dem Schuld- in den Handlungs- und Unrechtsbereich vorverlegt. Im Sinne der finalen Handlungslehre wird damit jedoch der Schuldbegriff nicht aufgegeben, vielmehr auf seinen eigentlichen Wertungsgehalt reduziert und auf diese Weise zugleich der Weg zu Ende gegangen, den die teleologische Richtung mit der Entdeckung der subjektiven Unrechtsmomente und des normativen Schuldelements beschritten hatte.

Ob diese Lösung sich auch bei näherem Zusehen als folgerichtiger Abschluß der hier skizzierten Entwicklung der neueren Verbrechenslehre erweist, und ob sie den kritischen Einwendungen standhält, die in jüngster Zeit gegen sie erhoben worden sind, bedarf allerdings der Prüfung.

II.

1. »Finalität«, so lehrt Welzel[11]), »ist ein ebenso ontologischer Begriff wie die Kausalität«; sie ist »ein gegenständliches Strukturgesetz des Seins, und zwar des menschlichen Handelns«. In ihr kommt die dem Menschen eigentümliche Fähigkeit zum Ausdruck, »die möglichen Folgen seines kausalen Eingreifens gedanklich vorwegzunehmen . . . und danach sein Eingreifen in die Welt zu steuern«[12]). Mit der gedanklichen Antizipation der zu verwirklichenden Hand-

---

[9]) Über den Anteil H. v. Webers, Graf Dohnas, H. Mayers u. a. an dieser Entwicklung vgl. Busch, Moderne Wandlungen der Verbrechenslehre (1949); Welzel, ZStW. 58, 491.

[10]) Es darf im folgenden als bekannt vorausgesetzt werden. Zum gegenwärtigen Stand der Lehre Welzels vgl. dessen Dt. Strafr. 3. Aufl. (1954) u. Aktuelle Strafrechtsprobleme im Rahmen der finalen Handlungslehre (Schriftenreihe d. Jurist. Studiengesellschaft Karlsruhe Heft 4, 1953).

[11]) Welzel, Um die finale Handlungslehre (1949) S. 7.

[12]) Welzel, a. a. O.

lungsfolgen wird aber der »Vorsatz« zu einem »unentbehrlichen Element der Finalität«[13]) und damit zu einem wesensnotwendigen Bestandteil schon des Begriffs der Handlung. Die Einbeziehung des Vorsatzes in den Handlungsbegriff bedeutet also vom Standpunkt der finalen Handlungslehre (fHL) nicht nur eine der denkbaren Lösungen des Verbrechensaufbaus; sie erscheint vielmehr als zwingende Folgerung aus der ontologischen Struktur der Handlung, an die auch der Gesetzgeber gebunden ist.

Gegen diese »Gleichsetzung von Finalität und Vorsätzlichkeit«, nicht gegen die heute unbestrittene finale Natur menschlichen Handelns überhaupt richten sich die prinzipiellen Einwendungen, die gegen die fHL erhoben worden sind[14]). Sie betreffen zunächst das Verhältnis zum überkommenen »natürlichen« Handlungsbegriff. Auch dieser sei, so wurde Welzel entgegengehalten, die Betätigung eines auf ein selbstgesetztes Ziel hin gerichteten Willens[15]). Freilich komme es für das Vorliegen einer Handlung in diesem Sinne nicht darauf an, welches Ziel der Handelnde sich gesetzt, es genüge, daß er irgendeinen Zweck verfolgt, sich »überhaupt« final verhalten habe. Gerade dieses Absehen von einem bestimmten Willensinhalt sei aber Voraussetzung dafür, daß die Handlung als ein allgemeiner, die strafrechtliche Wertung noch nicht einbeziehender Begriff erfaßt werden könne. Wollte man darüber hinaus ein vorsätzliches Verhalten fordern, die Subsumtion unter den Handlungsbegriff also davon abhängen lassen, ob und inwieweit der verbrecherische Erfolg Inhalt des Täterwillens gewesen ist, so beginge man den logischen Fehler, ein die Art bestimmendes Attribut zum Merkmal der Gattung zu machen[16]).

Mit diesen Einwendungen war in der Tat ein Punkt berührt, in dem über der fHL in ihrer ursprünglichen Fassung ein gewisses Zwielicht ausgebreitet war. Soweit diese nämlich die Frage aufwarf, unter welchen Voraussetzungen einem menschlichen Verhalten überhaupt

---

[13]) Welzel, a. a. O. S. 8.

[14]) Vgl. dazu insbes. Engisch, Probleme der Strafrechtserneuerung (Festschr. f. Kohlrausch, 1944) S. 141ff.; Mezger, Moderne Wege der Strafrechtsdogmatik (1950); ders. JZ. 1952, 673 u. NJW. 1953, 2; Bockelmann, Über das Verhältnis von Täterschaft und Teilnahme (1949), S. 20ff.; Maihofer, Der Handlungsbegriff im Verbrechenssystem (1953) S. 38ff.; Nowakowski, Jur. Bl. 1954, H. 6/7; Bettiol, Diritto penale (Parte generale), 2. Aufl. (1950), S. 169f. (s. aber auch S. 8); Gallo, La teoria dell'azione »finalistica« (1950); Petoello Mantovani, Il concetto ontologico del reato (1954), S. 21ff. (mit weiteren Angaben aus dem italienischen Schrifttum S. 21 N. 1).

[15]) Mezger, Moderne Wege, S. 13; Bockelmann, a. a. O. S. 25.

[16]) Mezger, Moderne Wege, S. 17.

Handlungsqualität zuzusprechen sei, und damit auf einen allgemeinen Handlungsbegriff abzielte, konnte die von ihr geforderte Einbeziehung des »Vorsatzes« in den Handlungsbegriff nicht gut schon auf den strafrechtlich relevanten, d. h. die speziellen Deliktsfolgen umfassenden Vorsatz gemünzt sein, vielmehr wohl nur besagen, daß der Handlungswille notwendig auf ein Ziel gerichtet und insofern inhaltserfüllt, sinnbezogen sei. Damit aber wäre der herkömmliche allgemeine Handlungsbegriff zwar seiner inneren Struktur nach in einem neuen Licht gesehen, »final«, nicht mehr lediglich kausal verstanden, in seinem Inhalt jedoch unverändert geblieben. Andererseits bestand und besteht das eigentliche systematische Anliegen der fHL in der Vorverlegung gerade des Deliktsvorsatzes aus dem Schuld- in den Handlungs- und damit Unrechtsbereich. Wie ist das eine mit dem anderen vereinbar? Einen Fingerzeig hierfür geben die Ausführungen Welzels zu dem viel zitierten Beispiel der Krankenschwester, die dem Patienten ahnungslos ein Beruhigungsmittel in tödlicher Dosierung einspritzt. Welzel bestreitet nicht, daß die Krankenschwester sich in Bezug auf die Injektion und den damit verbundenen Beruhigungszweck final verhalten, also gehandelt habe. Aber, so fährt er fort, im Hinblick auf den Tötungserfolg fehle es an der Finalität; eine Tötungshandlung habe die Schwester nicht vorgenommen[17]).

Aus dieser Stellungnahme Welzels — er hat es inzwischen auch ausdrücklich ausgesprochen[18]) — erhellt, daß die von ihm vertretene Einbeziehung des Deliktsvorsatzes in den Handlungsbegriff in Wahrheit eine Aussage nicht über das Wesen der Handlung schlechthin, sondern über das Wesen der tatbestandsmäßigen Handlung enthält. Oder anders ausgedrückt: Der Deliktsvorsatz als »strafrechtlich relevante Finalität«[19]) ist nicht — was logisch in der Tat widersinnig wäre — einem »vorjuristischen« allgemeinen, vielmehr einem speziellen, bereits dem Bereich rechtlicher Normierung angehörenden Handlungsbegriff zugeordnet[20]). Wie weit damit auch schon der Boden einer ausschließlich ontologischer Argumentation verlassen ist, soll an dieser Stelle noch dahingestellt bleiben[21]).

2. Wir kehren zunächst noch einmal zum allgemeinen Handlungsbegriff zurück. Auch die fHL kann ihm, wie gezeigt worden ist,

---

[17]) Welzel, Finale Handlungslehre, S. 8f., Das neue Bild des Strafrechtssystems, 2. Aufl. (1952), S. 10.

[18]) Welzel, Neues Bild, S. 11, Dt. Strafr., 3. Aufl., S. 30.

[19]) Niese, Finalität, Vorsatz u. Fahrlässigkeit (1951) ,S. 56.

[20]) Niese, a.a.O.: »Dêr Vorsatz gehört zur tatbestandsmäßigen Unrechtshandlung«.

[21]) S. darüber unten S. 32f.

keinen anderen Inhalt geben, als ihn der überkommene »natürliche« Handlungsbegriff aufweist. Sie verbindet damit freilich eine gegenüber der älteren Auffassung geläuterte Einsicht in die innere Struktur dieses Begriffs: als Willensbetätigung ist die Handlung kein lediglich kausaler, von einem Willensakt nur ausgelöster, sondern darüber hinaus ein intentional bestimmter Vorgang, nicht »blinde«, vielmehr auf ein Ziel hin gesteuerte, »final überdeterminierte« Kausalität. Aber auch unter finalem Blickwinkel betrachtet, verträgt der allgemeine Handlungsbegriff keine Differenzierung des Willensinhalts: Für die Frage, ob der Täter überhaupt gehandelt hat, kommt es zwar darauf an, daß er etwas gewollt hat; aber es bleibt gleichgültig, was er gewollt hat.

Aus dem Gesagten ergibt sich, daß die Schwierigkeit, die die systematische Einordnung der Fahrlässigkeitstaten der fHL bereitet hat, im Bereich des allgemeinen Handlungsbegriffs in Wahrheit noch gar nicht in Erscheinung treten kann. Auch der Täter, der den Deliktserfolg unbewußt fahrlässig herbeigeführt hat, hat »gehandelt«, hat etwas, wenn auch nicht den deliktischen Erfolg seines Verhaltens, gewollt. Die strafrechtliche Unerheblichkeit des Gewollten schließt die Finalität des Verhaltens nicht aus[22]). Vorsätzliche und fahrlässige Begehung lassen sich also auch einem final verstandenen allgemeinen Handlungsbegriff gleichermaßen einordnen[23]). Die Problematik beginnt auch hier erst im Bereich des Tatbestands[24]).

3. Auf der anderen Seite versagt auch ein final gedeuteter allgemeiner Handlungsbegriff gegenüber der Erscheinung der Unterlassungsdelikte. Fordert man zur »Handlung«, wie es der natürlichen Auffassung und dem vorwissenschaftlichen Sprachgebrauch entspricht, eine vom Willen getragene Körperbewegung, so gilt auch für den finalen Handlungsbegriff die Feststellung Radbruchs, daß der Begriff der Handlung nicht zugleich auch deren Negation in sich aufzunehmen vermöge[25]). Alle Versuche aber, jenseits des kausalen Merkmals Körperbewegung ein dem Begehungs- und Unterlassungsdelikt gemeinsames Moment ausfindig zu machen, an das,

---

[22]) S. in diesem Sinn insbes. Niese, a. a. O. S. 53, 58f. Auch Welzel hat seine ursprüngliche Auffassung der fahrlässigen Handlung als einer »völlig eigenständigen Handlungsform« (Dt. Strafr., 2. Aufl., S. 23) aufgegeben. Vgl. Dt. Strafr., 3. Aufl., S. 33: »ontologisch ist die fahrlässige Handlung eine Handlung wie jede andere«..

[23]) Maurach, Schuld u. Verantwortung im Strafr. (1948), S. 28.

[24]) Maurach, a. a. O.; Niese a. a. O. S. 53.

[25]) So jetzt auch Welzel, Dt. Strafr., 3. Aufl., S. 147: »Ontologisch gesehen ist die Unterlassung, da sie ja die Unterlassung einer Handlung ist, selbst keine Handlung«.

wie es das systematische Anliegen eines allgemeinen Handlungsbegriffs fordert, die strafrechtliche Wertung allererst anzuknüpfen hätte, alle Versuche also, die auf der Linie eines Begriffs der »Handlung im weiteren Sinn« liegen, sind zum Scheitern verurteilt. Denn es läßt sich aus dem Gefüge jedenfalls des echten Unterlassungsdelikts überhaupt kein der rechtlichen Wertung vorgegebenes Substrat ausklammern. Ein »natürliches« Substrat könnte nur in einem Willensvorgang in der Person des Unterlassenden liegen[26]). Daran fehlt es indessen, von anderen Bedenken abgesehen, im Fall des unbewußt fahrlässigen Unterlassungsdelikts[27]). Für die Feststellung, jemand habe etwas »unterlassen«, ist vielmehr allein die Nichtübereinstimmung der faktischen mit einer gedachten Wirklichkeit — dem »erwarteten Tun« — konstitutiv[28]).

Aber auch so gesehen, gibt es zwar ein »außer«-juristisches, nicht jedoch ein »vor«-juristisches Unterlassen. Da nicht schon die Nichtvornahme eines beliebigen, sondern nur die eines »erwarteten« Tuns das Unterlassungsurteils begründet, das Erwartetsein des Tuns aber

[26]) Dall'Ora, Condotta ommissiva e condotta permanente nella teoria generale del reato (1950), S. 11ff. glaubt allerdings, ein der rechtlichen Wertung vorgegebenes »natürliches« Objekt im Nichttun des Unterlassenden als solchem sehen zu dürfen: denn der Umstand, daß der Unterlassende etwas nicht getan habe, sei — vor aller Wertung — empirischer Feststellung ebenso zugänglich wie die Vornahme einer Handlung. Dabei wird indessen übersehen, daß es sich bei dieser Feststellung in Wahrheit um den Vergleich zwischen einem tatsächlich beobachteten und einem gedachten Verhalten handelt, und daß dieser Vergleich nur vorgenommen werden kann, wenn der Inhalt des gedachten Verhaltens, d. h. aber im Fall des Unterlassungsdelikts: das, was der Unterlassende zu tun rechtlich verpflichtet gewesen wäre, bereits feststeht.

[27]) Eingehend in diesem Sinn Maihofer, Der Handlungsbegriff, S. 20ff. Anders H. Mayer, Strafr. Allg.Tl., S. 112.

[28]) Mezger, Lehrb., 2. Aufl., S. 130, 132, Moderne Wege, S. 16; Maihofer a. a. O. S. 19, 30ff. Entgegen der hier vertretenen Auffassung sieht Welzel neuerdings (Dt.Strafr., 3. Aufl., S. 147f.) nicht in der »Erwartung«, sondern in der »potentiellen finalen Tatherrschaft«, d. h. in der Möglichkeit, eine bestimmte Handlung vorzunehmen, das für die Unterlassung konstitutive Moment. Währe dies richtig, so ergäbe sich in der Tat ein vorjuristischer (Welzel a. a. O. S. 148: : »ontologischer«) Begriff des Unterlassens. Indessen »unterläßt« nicht, wer eine Handlung nicht vornimmt, die unter keinem wie immer gearteten Gesichtswinkel (der kein normativer zu sein braucht; s. weiter im Text) zu erwarten war. Es hat keinen Sinn, etwa von einem Gast einer in bestem Einvernehmen verlaufenden geselligen Veranstaltung zu sagen, er habe es »unterlassen«, den Gastgeber zu ohrfeigen, obwohl er die potentielle finale Tatherrschaft hierzu jederzeit besaß. Die Möglichkeit zum Handeln ist nicht schon als solche, sondern erst als Voraussetzung der Erwartung für das Unterlassungsurteil von Bedeutung: Unmögliches wird nicht erwartet; oder, auf das Unterlassen im Rechtssinn abgestellt: ein der Willensherrschaft nicht unterliegendes Verhalten kann nicht rechtlich geboten sein.

eine inhaltslose Formel darstellt, solange nicht der Grund bezeichnet ist, aus dem erwartet wird, ist auch der Begriff der Unterlassung vor einer solchen Konkretisierung der Erwartung rein formal und daher ungeeignet, einem rechtlichen Werturteil als Anknüpfungspunkt zu dienen. Oder anders ausgedrückt: Die Feststellung, jemand habe etwas unterlassen, läßt sich nicht allgemein[29]), sondern immer nur unter dem bestimmten Blickwinkel treffen, unter dem das verneinte Tun dem Beurteiler als ein erwartetes erscheint. Dabei ist freilich das Bestehen eines rechtlichen Handlungsgebots nur einer der möglichen Gründe, aus denen sich ein bestimmtes Tun erwarten läßt. Die Erwartung kann auch auf den Handlungsgeboten eines anderen Normensystems (Ethik, Sitte), aber auch auf einem empirischen Wahrscheinlichkeits-(Möglichkeits-) Urteil (der vom Zahnarzt gequälte Patient unterläßt es, seinen Schmerz zu äußern) oder auf einer Beurteilung an Hand der vom Unterlassenden verfolgten oder ihm unterstellten Zwecke[30]) beruhen (der Verurteilte unterläßt es, ein Rechtsmittel einzulegen)[31]). Das Vorliegen einer Unterlassung im Rechtssinn ist indessen von jeder solchen außerrechtlichen Erwartung gänzlich unabhängig; wie auch umgekehrt die verschiedenen Fälle außerrechtlichen Unterlassens selbständige Erscheinungsformen (Konkretisierungen) des ausfüllungsbedürftigen allgemeinen Unterlassungsbegriffs darstellen. Unterlassen im Rechtssinn ist die Nichtvornahme eines von der Rechtsordnung erwarteten (d. h. rechtlich gebotenen), nicht: rechtlich mißbilligte Nichtvornahme eines aus außerrechtlichen Gesichtspunkten erwarteten Tuns[32]).

---

[29]) Sauer, Grundlagen d. Strafrechts (1921), S. 409: »Unterlassung an sich ist sinnlos«.

[30]) Dem Unterlassenden fremde Zwecke begründen ein Unterlassungsurteil nur dann, wenn er sie hätte zu eigenen machen sollen; womit dann aber der Fall einer auf eine Gebotsnorm gegründeten Erwartung gegeben ist. Daß das unterbliebene Verhalten nur bei einer generalisierenden Betrachtung als zweckmäßig, bei einer Berücksichtigung der konkreten Umstände aber als unzweckmäßig erscheint, schließt das Unterlassungsurteil nicht aus: Der Verurteilte hat es angesichts der Aussichtslosigkeit der weiteren Rechtsverfolgung im gegebenen Fall »wohlweislich unterlassen«, ein Rechtsmittel einzulegen. Die vorliegende Kategorie der Erwartung umfaßt schließlich auch den Fall, daß ein ursprüngliches Handlungsvorhaben (und damit die darin enthaltene Zielsetzung) aufgegeben wird: X wollte zunächst verreisen, unterließ es dann aber.

[31]) Natürlich können die hier unterschiedenen Gründe der Erwartung im konkreten Fall auch nebeneinander gegeben sein.

[32]) Das Bedenken Mezgers (a. a. O. S. 132f.); daß dann bei Vorliegen eines Rechtfertigungsgrundes (Beichtgeheimnis im Fall des § 139 Abs. 2!) mit der Rechtswidrigkeit auch das Unterlassen verneint werden müßte, übersieht m. E., daß die das Unterlassungsurteil begründende rechtliche Erwartung schon

Auch der Begriff des »menschlichen Verhaltens«, auf den immer wieder als einen möglichen Ausweg aus dem Dilemma hingewiesen wird[33]), vermag jedenfalls keine der rechtlichen Wertung vorausgehende Gemeinsamkeit zwischen Begehungs- und Unterlassungsdelikt herzustellen. Ein Unterlassender »verhält« sich nur insoweit, als er »unterläßt«, als er der Erwartung, er werde in bestimmter Weise handeln, nicht entspricht. Den verschiedenen Möglichkeiten, wie eine solche Erwartung sich begründen läßt, sind daher ebenso viele Möglichkeiten zugeordnet, die Nichtvornahme der betreffenden Handlung als »Verhalten« zu begreifen. Für die rechtliche Beurteilung aber wird nach dem oben Gesagten ein Nichttun erst dann zum Unterlassen — und damit zum »Verhalten« —, wenn es der Erwartung der Rechtsordnung (Handlungsgebot) widerspricht. Der rechtliche Wertungsakt geht also der Beurteilung als »Verhalten« logisch voraus — nicht umgekehrt!

Freilich besitzt auch das Unterlassungsdelikt »soziale Realität«, können sich daran soziale »Wirkungen« knüpfen, die denen eines Begehungsdelikts an Tragweite nicht nachstehen[34]). Es beruht dies nicht etwa darauf, daß auch im Unterlassen ein kausales Element verborgen wäre. Der Grund liegt vielmeht darin, daß im Bereich des Sozialen, das als erlebter Sinn- und Zweckzusammenhang über die kausalen Bezüge hinaus an einer »höheren« Wirklichkeitsschicht teilhat, der reibungslose Ablauf des Gemeinschaftslebens, die Erhaltung

---

dann gegeben ist, wenn das betreffende Tun (Verbrechensanzeige) generell geboten war. Auch beim Unterlassungsdelikt läßt sich zwischen der Erfüllung des Unrechtstypus (Tatbestands) und der Rechtswidrigkeit seiner Verwirklichung im konkreten Fall unterscheiden. Vgl. die entsprechende Unterscheidung zwischen generalisierender und spezialisierender Zweckbetrachtung oben Anm. 30.

[33]) Vgl. neuerdings Mezger, Moderne Wege, S. 12ff., 16; Maihofer a. a. O. S. 66ff. Auch für Welzel (Dt. Strafr., 3. Aufl., S. 27) bildet das menschliche Verhalten den der strafrechtlichen Normierung vorgegebenen Oberbegriff für Handeln und Unterlassen. Er definiert es als »die der Fähigkeit zu zweckhafter Willenslenkung unterstehende Aktivität oder Passivität«. Da mit den Begriffen Aktivität und Passivität der Gegensatz zwischen Handeln und Unterlassen beibehalten wird, bliebe als gemeinsames Merkmal nur die Beherrschbarkeit durch den Willen. Indessen ist einerseits für das Handeln nicht die Beherrschbarkeit, sondern die Beherrschung durch den Willen kennzeichnend und bedeutet andererseits, wie oben Anm. 28 dargetan, die Nichtvornahme einer der potentiellen Willensherrschaft unterliegenden (»möglichen«) Handlung noch kein Unterlassen und damit auch noch kein »Verhalten«. Im Bereich der mit dem Unterlassen verwandten Fahrlässigkeit sieht heute übrigens auch Welzel in der Nichtausübung potentieller Finalität kein ontologisches, sondern ein Wertungs-(Unrechts-)Problem; vgl. a. a. O. S. 33f., 94f.

[34]) Vgl. dazu etwa Sauer a. a. O. S. 406ff.; H. Mayer a. a. O. S. 113, allerdings mit der hier abgelehnten Folgerung, daß auch das Unterlassen »Handlung« sei; Welzel, Dt. Strafr., 2. Aufl., S. 89f.

der Gemeinschaftsgüter und -werte nicht nur von dem Unterbleiben zweckwidrigen, sondern auch von der Vornahme zweckfördernden Handelns abhängt. Denn infolge dieser Abhängigkeit wird die Nichtvornahme einer solchen zweckfördernden und in das soziale »Programm« einkalkulierten Handlung zu einem dem sozialen Zweck zuwiderlaufenden, »sozialschädlichen« Verhalten und damit, obwohl für die kausale Betrachtung ein Nichts, zu einem die soziale Wirklichkeit mitgestaltenden Faktor.

Indessen ist auch mit dieser sozialen Realität des Unterlassungsdelikts kein der rechtlichen Wertung vorgegebener »realer Kern« gewonnen. Denn einmal ist die Wirklichkeit des sozialen Lebens durch die Existenz rechtlicher Handlundsgebote und die darauf gegründete tatsächliche Erwartung und Zweckverfolgung der Rechtsgenossen wesentlich mitbestimmt, insofern also eine mit den Rechtswerten von vornherein untrennbar verbundene Wirklichkeit. Zum anderen setzt eine auf das Unterlassungsdelikt als soziales Phänomen gerichtete Betrachtung dessen Charakter als Unterlassung voraus. Das heißt aber nach allem bisher Ausgeführten, daß im Rahmen einer juristischen Dogmatik die soziale Realität des Unterlassungsdelikts immer nur als Konsequenz der Nichtvornahme eines rechtlich gebotenen Tuns erheblich sein kann[35]). Die Blickwendung auf die soziale Wirklichkeit kann somit in diesem Rahmen nur besagen, daß das Unterlassungsdelikt auch auf seine Rechtszweckwidrigkeit und damit »Sozialschädlichkeit« hin betrachtet wird, daß es nicht nur als Rechtsnormverstoß, sondern auch als Unrecht im materiellen Sinn erscheint. Womit sich wiederum die rechtliche Beurteilung als das logische prius erweist[36]).

4. Aus dem Gesagten folgt, daß sich Begehungs- und Unterlassungsdelikte frühestens im Bereich des Unrechtstatbestands auf einen gemeinsamen Nenner bringen lassen[37]). Die Subsumtion unter

[35]) Für eine rechtspolitische oder rechtssoziologische Betrachtung kann freilich darüber hinaus bedeutsam sein, wieweit das rechtlich gebotene Tun auch außerrechtlich erwartet wird und dem Unterlassungsdelikt auch insofern soziale Realität zukommt.

[36]) Demgegenüber glaubt Maihofer a. a. O. S. 72f. seinen Begehung und Unterlassung gleichermaßen umfassenden »sozialen« Begriff der Handlung als »jedes auf die Verletzung von strafrechtlich geschützten Rechtsgütern gerichtete menschliche Verhalten« definieren und dennoch für ihn in Anspruch nehmen zu dürfen, daß er noch keinen Vorgriff auf die Bewertung am Maßstab des Unrechtstatbestands enthalte. Der Arzt, der zu Heilzwecken operiert, »handelt« also nicht!

[37]) Vgl. Grünhut, ZStW. 52, 121: Tun und Unterlassen als »typische Formen der Tatbestandsverwirklichung«. Zur Tatbestandsmäßigkeit des Unterlassungsdelikts s. oben Anm. 32 u. unten S. 26.

einen die strafrechtliche Wertung noch nicht einbeziehenden Oberbegriff, wie ihn der herkömmliche allgemeine Handlungsbegriff darstellt, kommt dagegen nur für die Begehungsdelikte (einschließlich der fahrlässig begangenen Taten) in Betracht. Nur von ihnen läßt sich feststellen, daß sie jedenfalls eine »Handlung«, d. h. eine willentliche Körperbewegung, voraussetzen[38]). Freilich ist auch hier die systematische Tragweite einer solchen Vorwegnahme der allgemeinen Handlungsqualität des deliktischen Verhaltens problematisch.

Gegenüber dem ausschließlich kausal verstandenen allgemeinen Handlungsbegriff ist mit dem Aufkommen des teleologisch-wertbezogenen Denkens im Strafrecht eingewandt worden, daß dieser Begriff die ihm von Liszt zugedachte systematische Rolle eines Anknüpfungspunkts für die übrigen Verbrechensmerkmale nicht zu erfüllen vermöge, weil die Handlung nicht schon als bloßes Naturgeschehen, sondern erst als der sinnerfüllte soziale Lebensvorgang, wie er den Beschreibungen der Tatbestände zugrundeliegt, Träger strafrechtlicher Wertung sein könne[39]). Noch prinzipieller und damit auch für den final verstandenen allgemeinen Handlungsbegriff gültig ließe sich sagen, daß die Unzulänglichkeit dieses Begriffs für die ihm gestellte systematische Aufgabe schon auf seiner Abstraktheit, d. h. darauf beruht, daß er durch Weglassen aller derjenigen Merkmale gewonnen ist, die die Handlung als konktete Erscheinung inhaltlich bestimmen. Denn an einen solchen abstrakten Begriff, an eine solche Handlung »an sich«, für die es auf das »was« weder des Wollens noch des Tuns ankommen soll, lassen sich nicht nur keine strafrechtlichen Wertungen, sondern überhaupt keine sachlichen Attribute anknüpfen.

---

[38]) Maihofer a. a. O. S. 25ff. bestreitet, wobei er an gelegentliche frühere Stimmen anknüpft, die Willentlichkeit der Körperbewegung für die von ihm sog. Nachlässigkeitsdelikte (ungeschickte Bewegungen und sonstige Fehlhandlungen). Indessen dürfte es sich bei einem Teil der angeführten Beispiele um Fälle einer fahrlässigen actio libera in causa handeln, die willentliche Körperbewegung also in einem dem unmittelbar schädigenden Verhalten vorausgehenden Stadium liegen (so im Fall der Mutter, die, sich im Schlaf herumwälzend, ihr Kind erdrückt). Im übrigen aber stellt M. an den Begriff der Willentlichkeit offenbar strengere Anforderungen, als dies für die hier allein zu treffende Feststellung, daß überhaupt gehandelt worden ist, geboten erscheint. Daß in solchen Fällen etwas ganz anderes »herauskommt« als das, was der Täter »gewollt« hat (Maihofer a. a. O. S. 26), schließt nicht aus, daß die tatsächlich vorgenommene Körperbewegung (das Greifen nach einem Gegenstand, bei dem ein Dritter versehentlich verletzt wird, o. dgl.) als solche einen intentionalen Akt darstellt.

[39]) Vgl. Sauer a. a. O. S. 38f.; Erik Wolf, Typen der Tatbestandsmäßigkeit (1931), S. 13ff.; Radbruch, Frank-Festg. 1, 161f.; Eb. Schmidt, Der Arzt im Strafr. (1939), S. 75 N. 29; SJZ 1950, 290f.; Bettiol, Riv. ital. di dir. pen. 1940 S. 10f.

Erst über eine bestimmte Handlung läßt sich etwas Inhaltliches aussagen, das sich nicht wiederum nur in der Feststellung ihrer Handlungsqualität erschöpft[40]).

Daraus folgt, daß nicht schon die Handlung i. S. des allgemeinen Handlungsbegriffs, sondern erst die tatbestandsmäßige, d. h. die im Tatbestand beschriebene konkrete Handlung selbständiges Aufbauelement des Begehungsdelikts sein kann[40a]). Für den allgemeinen Handlungsbegriff verbleibt dann aber nur die Rolle, im Rahmen

---

[40]) Dagegen läßt sich auch nicht einwenden, daß es Straftaten gebe, bei denen es nicht auf die Art und Weise der Begehung, sondern lediglich auf die Herbeiführung eines Erfolgs ankomme. Denn abgesehen von der an späterer Stelle zu erörternden Frage, ob nicht auch diese sog. reinen Erfolgsdelikte in Wahrheit eine über die bloße Verursachung hinausgehende Differenzierung der Handlung erfordern, ist es nur die Herbeiführung eines bestimmten Erfolgs und damit eine zum mindesten hierdurch konkretisierte Handlung, an die die strafrechtliche Wertung anknüpft.

[40a]) Auch der »soziale Handlungsbegriff«, wie ihn Eb. Schmidt (oben Anm. 39), Engisch, Probleme der Strafrechtserneuerung (Festschr. f. Kohlrausch) S. 161ff., Vom Weltbild des Juristen (1950) S. 36ff., Mittasch, Die Auswirkungen des wertbeziehenden Denkens in der Strafrechtssystematik S. 138, Bockelmann, Über das Verhältnis von Täterschaft und Teilnahme S. 32f., Pedrazzi, Riv. ital. di dir. pen. 1950, S. 260f., Maihofer, Handlungsbegriff S. 65ff. u. a. vertreten, ist, genau gesehen, auf die tatbestandsmäßige Handlung bezogen. Denn er vermag seine Legitimation als Element des Verbrechensaufbaus nur aus der Einsicht herzuleiten, daß alle Erscheinungen des Rechts dem sozialen Lebensraum angehören und daher strafrechtlich relevant (d. h. aber tatbestandsmäßig) eine Handlung immer nur im Hinblick auf ihre soziale Bedeutung und Funktion sein kann. Allgemein ist somit der soziale Handlungsbegriff nur insofern, als er etwas über das Wesen aller tatbestandsmäßigen (!) Handlungen aussagt. Problematisch gerade wegen dieser Allgemeinheit wird eine solche Aussage freilich in dem Augenblick, indem sie die unbestreitbare soziale Bedeutung der tatbestandsmäßigen Handlung auch inhaltlich näher zu bestimmen sucht. Die soziale Handlungslehre geht diesen Weg, und ihr eigentliches Anliegen ist dabei die Verwendung grundsätzlich objektiver Kriterien: Nicht, wie sie gemeint ist, sondern, als was sie erscheint und wie sie wirkt, soll für die Handlung als sozialer Vorgang entscheidend sein. »,Handeln' heißt für den Juristen das willkürliche Bewirken berechenbarer sozial erheblicher ,Folgen'« (Engisch, Weltbild S. 38). Damit wird die Auslegung der Tatbestände von vornherein in einem bestimmten Sinn festgelegt, das tatbestandsmäßige Unrecht im wesentlichen als das Bewirken sozialschädlicher Folgen aufgefaßt. Als soziales Phänomen wird die tatbestandsmäßige Handlung aber auch von einer Anschauung begriffen, die wie die finale Handlungslehre den subjektiven Tatsinn miteinbezieht. Auch als Verwirklichung bestimmter auf den sozialen Bereich gerichteter Intentionen des Täters verstanden, ist die Handlung ein sozialerheblicher Vorgang. Ob die eine oder die andere Auffassung den Vorzug verdient, läßt sich nicht allgemein aus einem Begriff des Sozialen, vielmehr nur durch eine Analyse der Tatbestände und ihres Unrechtsgehalts beantworten, die für die Beurteilung des strafrechtlich relevanten sozialen Gehalts der Tat allein maßgeblich sein können. S. darüber unter IV.

der Lehre vom Tatbestand Erkenntnismittel für die Handlungsqualität des tatbestandsmäßigen Verhaltens zu sein. Systematisch bedeutet das eine lediglich negative Funktion: Mit Hilfe des allgemeinen Handlungsbegriffs läßt sich von vornherein ausscheiden, was überhaupt nicht »Handlung« (und damit auch nicht tatbestandsmäßige Handlung) sein kann, weil schon deren generellen Merkmale fehlen: sei es die Körperbewegung, sei es (im Fall der Reflexbewegung oder der vis absoluta) deren Willentlichkeit[41]).

III.

Auch dieses Ergebnis bestätigt, daß die systematischen Folgerungen, die die fHL aus der Einbeziehung des Willensinhalts in den Begriff der Handlung zieht, nicht schon den allgemeinen, sondern erst den speziellen, d. h. im jeweiligen Tatbestand konkretisierten

[41]) Freilich ist dieser Einbau des allgemeinen Handlungsbegriffs in die Lehre vom Tatbestand mit dem bisher Gesagten noch nicht gegen jeden Einwand gesichert. Denn er setzt voraus, daß das Begehungsdelikt schon als tatbestandsmäßiges Verhalten notwendig »Handlung« ist. Davon geht der Text auch aus; es ist dies jedoch nicht so selbstverständlich, wie es zunächst scheinen mag. So vertritt neuerdings Maihofer a. a. O. S. 33ff. den Standpunkt, daß auch eine willenlose Verursachung des Deliktserfolgs (eine im Krampfanfall bewirkte Körperverletzung etwa) den Unrechtstatbestand verwirkliche, während die Frage der Willkürlichkeit erst die psychologischen Grundlagen der Schuldbewertung betreffe. Will man der Frage nicht ausweichen, indem man von einem die Unrechts- und Schuldmerkmale des Delikts umfassenden ganzheitlichen Tatbestandsbegriff ausgeht, so bedarf es in der Tat der Klärung, ob das Begehungsdelikt schon als tatbestandsmäßiges Unrecht Willentlichkeit der Körperbewegung und damit Handlungsqualität in dem hier vertretenen Sinn voraussetzt. Die Antwort hängt letztlich davon ab, wie man das Wesen des Unrechts bestimmt. Sie kann an dieser Stelle der Untersuchung nur angedeutet werden (Näheres dazu unter IV 3). Eine Auffassung, die lediglich am Rechtszweck orientiert ist und für die sich daher das Wesen des Unrechts in der Herbeiführung einer Rechtsgutsverletzung erschöpft, wird folgerichtig auch in der willenlosen Verursachung des Deliktserfolgs ein rechtswidriges Verhalten sehen müssen. Eine solche Auffassung würde indessen verkennen, daß das Recht nicht nur Maßstäbe für das Erwünscht- oder Unerwünschtsein eines sozialen Zustands (Sein- oder Nichtseinsollen) enthält, vielmehr zugleich einen Inbegriff von Verhaltensnormen (Tun- oder Nichttunsollen) darstellt, durch die der gewollte Zustand realisiert werden soll. Insoweit aber setzt das Recht notwendig den Menschen als ein handelndes Wesen voraus. Ein willenloses Verhalten kann zwar, an den Zwecken des Rechts gemessen, unerwünscht, sozialschädlich, nur ein vom Willen beherrschtes Verhalten jedoch verboten oder geboten sein. Da nun dem Unrechtsgehalt des Verbrechens das Verbotensein immanent ist, setzt also schon der Unrechtstatbestand der Begehungsdelikte eine Handlung i. S. einer Willensbetätigung voraus. Diese Überlegungen machen übrigens zugleich deutlich, daß zwar der Inhalt des allgemeinen Handlungsbegriffs wertneutral ist, einen ontologischen Sachverhalt zum Ausdruck bringt, seine systematische Funktion aber von der Begriffsbestimmung des Unrechts abhängt.

Handlungsbegriff betreffen können. Es bleibt also dabei, daß in der Auffassung des Deliktsvorsatzes als eines Elementes der tatbestandsmäßigen Handlung die Ausgangsthese der fHL liegt, mit der sich die folgenden Überlegungen nunmehr auseinanderzusetzen haben.

1. Die Tragweite dieser These hängt zunächst davon ab, was man unter »Tatbestand« (und damit unter »Tatbestandsmäßigkeit«) zu verstehen hat. Der Begriff ist bekanntlich mehrdeutig und heute umstrittener denn je[42]. Zu ihm muß daher jetzt grundsätzlich Stellung genommen werden, soll nicht alles Folgende in der Luft hängen. Dabei soll so vorgegangen werden, daß zunächst eine eigene Begriffsbestimmung versucht wird. Ihr liegt die Überzeugung zugrunde, daß eine Lehre vom Verbrechen grundsätzlich teleologisch orientiert sein muß. Damit ist eine Systematik gefordert, die das Verbrechen nicht mit der Summe der Strafbarkeitsvoraussetzungen gleichsetzt, in ihm vielmehr eine Erscheinungsform schuldhaften Unrechts sieht und aus dem damit gegebenen Sinn- und Zweckzusammenhang heraus die einzelnen Verbrechensmerkmale zu begreifen sucht. So gesehen, kann auch einem Tatbestandsbegriff systematische Bedeutung jedenfalls nur insoweit zukommen, als er sich diesem Zweckzusammenhang sachlich einfügt. Damit scheidet der Begriff des Tatbestands i. w. S., in dem sämtliche — auch die den Unrechts- oder Schuldcharakter der Tat nicht berührenden — gesetzlichen Strafbarkeitsvoraussetzungen zusammengefaßt sind, für die vorliegende Betrachtung von vornherein aus. In ihm kommt kein sachliches Prinzip, sondern lediglich das Erfordernis der Gesetzlichkeit aller Strafbarkeitsvoraussetzungen zum Ausdruck.

Die gesuchte sachliche Funktion des Tatbestandsbegriffs innerhalb der Verbrechenslehre kann vielmehr nur darin bestehen, daß der Tatbestand das Verbrechen »individualisiert«, d. h. diejenigen Merkmale umfaßt, die die jeweilige Verbrechensart als solche kennzeichnen. Einer solchen Individualisierung bedarf es, da nicht jedes, sondern nur das »strafwürdige« schuldhafte Unrecht Verbrechen ist, die mit der Strafwürdigkeit geforderte Auslese sich aber nur durch die Aufstellung von »Typen« verbrecherischen Verhaltens vollziehen läßt. Das gilt m.E. nicht nur unter der Herrschaft des Satzes »nullum crimen sine lege«, der eine Typisierung durch den Gesetzgeber

[42]) Vgl. dazu aus neuester Zeit Lang-Hinrichsen, JR. 1952, 302, 356, JZ. 1953, 362; Mezger NJW. 1953, 2; Welzel, Dt. Strafr., 3. Aufl., S. 39ff., Aktuelle Strafr. Probl., S. 11ff.; Engisch, Mezger-Festschr., S. 125ff.; Sauer, ebendort, S. 117ff.; v. Weber, ebendort, S. 183ff.; Arthur Kaufmann, JZ 1954, 653; sowie die zahlreichen Veröffentlichungen zur Frage des Tatbestands- und Verbotsirrtums.

fordert, sondern auch dort, wo die Feststellung der Strafwürdigkeit richterlicher Rechtsfindung überlassen ist. Auch der Versuch des Gesetzgebers oder der Wissenschaft, das Blankett der »Strafwürdigkeit« durch eine allgemeine materielle Begriffsbestimmung nach Art der »besonderen Sozialgefährlichkeit« o. dgl. auszufüllen, würde angesichts der Mannigfaltigkeit und historischen Relativität der maßgebenden Gesichtspunkte sowie des schon aus strafökonomischen Erwägungen notwendig »fragmentarischen« Charakters des Strafrechts nur eine unbestimmte Generalklausel ergeben, die die Typisierung des strafwürdigen Verhaltens nicht ersetzen, sondern allenfalls eine allgemeine Richtschnur hierfür abgeben könnte.

Als Begriff der Verbrechenslehre ist der Tatbestand somit Träger des typischen Strafwürdigkeitsgehalts der jeweiligen Verbrechensart, ist er Verkörperung des Deliktstypus[43]). Hierin, d. h. im sachlichen Gehalt der Typisierung, nicht in der damit verbundenen rechtsstaatlichen Garantiefunktion liegt seine systematische Bedeutung. Mit einer solchen materiellen Auffassung des Tatbestands sind zwei grundsätzliche Folgerungen verbunden: Einmal ist damit der Schritt von der Wertfreiheit des klassischen zu der Wertbezogenheit des modernen Tatbestandsbegriffs getan. Sinn und Tragweite des im Tatbestand vertypten Verhaltens können nur aus den Wertgesichtspunkten heraus verstanden werden, die die Auslese dieses Verhaltens als eines strafwürdigen bestimmt haben. Zum anderen besagt die Aufnahme eines materiellen Tatbestandsbegriffs in die Verbrechenslehre, daß das Verbrechen sich inhaltlich nicht ohne Rückgriff auf seine besonderen Erscheinungsformen, die jeweiligen Deliktstypen, erfassen läßt, die systematische Aufgabe sich also nicht in der Aufzählung allgemeiner Verbrechensmerkmale erschöpfen kann. In dem von Liszt und Beling begründeten »dreiteiligen« System erscheint allerdings neben Rechtswidrigkeit und Schuld auch die »Tatbestandsmäßigkeit« als ein allgemeines Begriffsmerkmal des Verbrechens[44]). Das war indessen nur möglich, weil man die Tatbestandsmäßigkeit hier nicht in ihrer konkreten Inhaltlichkeit (und damit notwendig als ein Merkmal der Verbrechensart), sondern lediglich im Sinne der Erforderlichkeit einer Typisierung verstand, den

[43]) In dem gleichen Sinn, in dem der späte Beling (Lehre vom Tatbestand, 1930, S. 1ff.) diesen Begriff verwendet. Er unterscheidet ihn freilich von dem als »Leitbild« verstandenen Begriff des Tatbestands. Wie der Text für eine Gleichsetzung von Tatbestand und Deliktstyp Schaffstein, ZStW. 57, 307, 315, der jedoch in der Frage der Differenzierung von Unrechts- und Schuldvertypung von der hier (weiter unten) vertretenen Auffassung abweicht. Vgl. auch BGHSt. 2, 395, wo »Straftatbestand« und »Deliktstyp« gleichgesetzt werden.

[44]) Vgl. hierzu die Kritik J. Goldschmidts, GoltdArch. 54, 27ff.

sachlich bestimmten Merkmalen Rechtswidrigkeit und Schuld also ein Merkmal rein formaler Natur beigesellte. Die Lücke, auf die jeder Versuch einer allgemeinen Inhaltsbestimmung des Verbrechens stoßen muß, weil sich das spezifisch Deliktische nur in der jeweiligen Deliktsart, nicht aber generell erfassen läßt, war damit nicht ausgefüllt, sondern ausdrücklich als solche kenntlich gemacht.

Für eine teleologisch orientierte Systematik, die den im Tatbestand verkörperten spezifischen Deliktsgehalt miteinbeziehen will, bleibt daher nur der Ausweg, auf eine einheitliche Begriffsbildung zu verzichten und das Verbrechen sowohl in seinen allgemeinen Merkmalen als auch in seiner besonderen Erscheinungsform ins Auge zu fassen, d. h. es unter zwei verschiedenen, freilich auf einander bezogenen Aspekten zu betrachten. Unter jedem der beiden Gesichtswinkel erscheinen dann Unrecht und Schuld als die tragenden Grundpfeiler der Verbrechenslehre; das eine Mal jedoch in ihrer allgemeinen Gestalt, das andere in ihrer besonderen Ausprägung im jeweiligen Tatbestand (Deliktstyp). Das Verbrechen ist einerseits »überhaupt« schuldhaftes Unrecht, andererseits typisches, d. h. auf Grund bestimmter Zweckerwägungen und sozialethischer Wertvorstellungen als strafwürdig ausgelesenes schuldhaftes Unrecht. Die adjektivische Fassung des Begriffs »Tatbestandsmäßigkeit« darf nicht darüber hinwegtäuschen, daß es sich hier nicht um eine zusätzliche Eigenschaft, nicht um etwas zu Unrecht und Schuld hinzukommendes Drittes, sondern um eine Erscheinungsform schuldhaften Unrechts handelt.

Welche systematische Bedeutung den Begriffen Unrecht und Schuld als allgemeinen Verbrechensmerkmalen verbleibt, wenn die konkrete Tat schon als »Tatbestandsverwirklichung« den typischen Unrechts- und Schuldgehalt der jeweiligen Verbrechensart aufweist, bedarf freilich noch der Klärung.

In zweierlei Hinsicht erscheinen jene allgemeinen Begriffe nach wie vor unentbehrlich: Einmal lassen sich die einzelnen Tatbestandsmerkmale nur dann als Unrechts- und Schuldmerkmale differenzieren und nur dann als Verbrechensmerkmale von den bloßen Bedingungen der Strafbarkeit abgrenzen, wenn zuvor feststeht, woran man die Unrechts- und Schuldqualität eines Verhaltens allgemein erkennt. Zum zweiten sind mit der Einordnung der konkreten Tat unter einen Tatbestand nur diejenigen Momente der Tat erfaßt, von denen ihre Zugehörigkeit zu der betreffenden Deliktsart abhängt. Damit sind zwar die positiven Voraussetzungen der Verbrechensqualität des konkreten Verhaltens erfüllt; denn es gibt kein Verbrechen schlechthin, sondern nur einzelne Verbrechenstypen, und es kann daher nur die Verwirklichung des (im Tatbestand verkörperten) spezifischen

Unrechts- und Schuldgehalts der betreffenden Deliktsart, nicht aber darüber hinaus die Erfüllung allgemeiner Unrechts- oder Schuldmerkmale strafbegründenden Charakter besitzen[45]). Offen bleibt jedoch die Frage, ob die konkrete Tat neben den Momenten, die dem Modell der betreffenden Deliktsart entsprechen, nicht noch andere Umstände aufweist, die ihre Verbrechensqualität trotz Tatbestandsverwirklichung ausschließen. Das ist deswegen denkbar, weil der Tatbestand sich einerseits gegenüber den realen Lebensvorgängen als das Ergebnis einer Abstraktion darstellt und somit jeweils nur einen Ausschnitt aus den konkreten Tatumständen erfaßt, andererseits in seiner individualisierenden Funktion gegenüber den allgemeinen Begriffen von Unrecht und Schuld nur die den besonderen Unrechts- und Schuldtypus begründenden Merkmale, nicht aber auch die negativen Folgerungen berücksichtigen kann, die sich für eine atypische Situation aus jenen allgemeinen Begriffen ergeben. Der Tatbestand kann nur darüber Auskunft geben, was die konkrete Tat zum Totschlag, zur Freiheitsberaubung usw. macht, nicht aber auch darüber, welche außerhalb des Typus liegenden Gründe diese Tat im Einzelfall als nicht rechtswidrig oder nicht schuldhaft und damit nicht als »Verbrechen« erscheinen lassen[46]). Es bedarf hier vielmehr des Rückgriffs auf das Wesen von Unrecht und Schuld als allgemeiner Begriffsmerkmale des Verbrechens. So etwa ergibt sich aus dem Charakter des Unrechts als eines verbotenen Verhaltens in Verbindung mit dem Gedanken der Einheit der Rechtsordnung, daß ein unter einem bestimmten Gesichtswinkel (z. B. dem der Notwehr) schlechthin erlaubtes Verhalten auch dann nicht Verbrechen sein kann, wenn es im übrigen die Merkmale eines Deliktstypus aufweist. Ein konkretes Verhalten, das sich als Tatbestandsverwirklichung darstellt, ist somit »Verbrechen« nur unter dem Vorbehalt einer negativen Korrektur dieses Ergebnisses an Hand der allgemeinen Begriffe von Unrecht und Schuld.

2. Der soeben entwickelte Tatbestandsbegriff kann schwerlich von vornherein mit allgemeiner Zustimmung rechnen. Er sei deshalb noch in einigen Punkten verdeutlicht und gegenüber anderen Lösungsversuchen abgegrenzt.

a) Die bisherigen Überlegungen haben versucht, den Tatbestand aus seiner Funktion innerhalb einer zweck- und wertorientierten Ver-

---

[45]) Das gilt auch für den Fall sog. offener Tatbestände. S. darüber unten S. 24ff.

[46]) Die Auffassung der Rechtfertigungsgründe als »negativer Tatbestandsmerkmale« ist also mit dem hier vertretenen Tatbestandsbegriff unvereinbar. Näheres dazu unten S. 27f.

brechenssystematik zu begreifen. Sie mußten daher seine materielle Bedeutung ins Auge fassen und sind auf diesem Wege dazu gelangt, ihn als Verkörperung des für die jeweilige Deliktsart typischen Unrechts- und Schuldgehalts zu bestimmen. Der Tatbestand ist indessen nicht nur Inhalt, sondern auch Form. Es kommt nicht nur auf das »was«, sondern auch auf das »wie« der Typisierung an. Das ist mit dem Begriff der »Verkörperung« des Deliktsgehalts im Tatbestand an sich schon gesagt. Es ist nur deutlicher als bisher auszusprechen, daß darin zugleich eine Begrenzung für die materielle Betrachtungsweise liegt. Nur die im Deliktstypus als deliktisch festgelegten Verhaltensweisen kommen als Träger des Deliktsgehalts in Betracht. Der Tatbestand im materiellen kann nicht weiter reichen als der Tatbestand im formellen Sinn[47]). Dabei ist es, wie schon einmal angedeutet, im Prinzip gleichgültig, ob die Festlegung der deliktischen Verhaltensweisen im Wege eines richterlichen Präjudiziensystems oder durch Aufstellung eines erschöpfenden gesetzlichen Verbrechenskatalogs erfolgt. Für unser von dem Grundsatz nullum crimen sine lege beherrschtes Rechtssystem ist freilich der formelle zugleich gesetzlich bestimmter Tatbestand[48]).

Macht man mit der Unterscheidung zwischen einer materiellen und formellen Bedeutung des Tatbestands ernst und ist man sich dabei zugleich bewußt, daß Inhalt und Form hier aufeinander bezogen, zwei Aspekte derselben Sache sind, so wird man nicht nur, wie das

---

[47]) Das schließt nicht aus, daß auch die sog. wertausfüllungsbedürftigen Merkmale des Deliktstypus echte Tatbestandsmerkmale sind. Denn wenngleich das deliktstypische Verhalten sich hier dem formellen Tatbestand nicht unmittelbar, sondern erst mit Hilfe des materiellen Kriteriums entnehmen läßt, auf das er verweist, so sind doch auch mit dieser Verweisung bestimmte Verhaltensweisen gemeint und als deliktstypisch festgelegt. Das gilt auch dort, wo die Verweisung nicht durch Aufnahme eines wertausfüllungsbedürftigen Merkmals, sondern wie etwa im Fall des unechten Unterlassungsdelikts (unten Anm. 56a) stillschweigend erfolgt, also erst durch Interpretation erschlossen werden muß. Über die grundsätzlich abweichende Auffassung, die Welzel jedenfalls für den Bereich der von ihm sog. offenen Tatbestände vertritt, vgl. unten S. 24ff.

[48]) Jedoch ist er nicht mit dem »gesetzlichen Tatbestand« identisch, sofern man darunter den Tatbestand i. w. S, d. h. den Inbegriff sämtlicher gesetzlicher Strafbarkeitsvoraussetzungen, also nicht nur der eigentlich deliktstypischen Merkmale, sondern auch der bloßen Bedingungen der Strafbarkeit, versteht. Andererseits gilt das soeben (Anm. 47) über die Einbeziehung wertausfüllungsbedürftiger oder stillschweigender Merkmale Gesagte auch unter der Voraussetzung, daß der formelle Tatbestand, wie in unserem Rechtssystem, gesetzlicher Tatbestand ist. Enger faßt dagegen den Begriff des gesetzlichen oder »Garantie«-Tatbestands Lang-Hinrichsen (JR 1952, 307; JZ 1953, 363). S. dazu unten Anm. 53b.

eben geschehen ist, die materielle durch die formelle, sondern auch umgekehrt die formelle durch die materielle Betrachtungsweise zu korrigieren haben. In zweierlei Richtung sei, was hier gemeint ist, angedeutet.

Einmal macht es nur die Besinnung auf den materiellen Gehalt des Delikts möglich, den Tatbestand auf diejenigen gesetzlichen Strafbarkeitsvoraussetzungen zu beschränken, die den eigentlichen Deliktscharakter der Tat bestimmen, also insbesondere die bloßen Bedingungen der Strafbarkeit aus seinem Bereich auszuscheiden. Aus sich heraus läßt sich der Tatbestand im formellen Sinn als Deliktstatbestand nicht bestimmen.

Zum anderen muß von dem hier vertretenen Standpunkt aus ein Verhalten, um strafbar zu sein, nicht nur formell, sondern auch materiell tatbestandsmäßig sein. Daran würde es fehlen, wenn die konkrete Tat zwar die Merkmale der gesetzlichen Tatbeschreibung aufwiese, der sachliche Unrechtsgehalt aber, auf den der fragliche Deliktstypus abzielt, nicht gegeben wäre. Auf dieser Linie etwa liegt es, wenn die herrschende Lehre bei kunstgerecht durchgeführten ärztlichen Eingriffen zu Heilzwecken schon den Tatbestand der Körperverletzung verneint. Rechtsstaatliche Bedenken gegen eine solche Korrektur der formellen durch die materielle Tatbestandsmäßigkeit bestehen hier, wo es sich nicht um eine Ausweitung, sondern Einschränkung des formellen Gesetzestatbestands handelt, nicht.

Nur dann freilich ist schon die Tatbestandsmäßigkeit und nicht erst die Rechtswidrigkeit zu verneinen, wenn es an dem für die betreffende Deliktsart typischen Unrechtsgehalt fehlt. Dies trifft zwar für den eben erwähnten Fall der Verletzung der Körperintegrität zu Heilzwecken zu[49]), nicht aber beispielsweise für Verletzungen, die bei ordnungsmäßiger Führung eines gefährlichen Betriebs zugefügt werden. Hier geht es vielmehr um Interessen, die mit denen, die der Tatbestand der Körperverletzung schützen will, konkurrieren. Die Straflosigkeit kann also nicht auf dem Fehlen der Tatbestandsmäßigkeit, vielmehr nur darauf beruhen, daß die Tat — etwa aus dem

---

[49]) Freilich läßt sich das für den Fall des zwar kunstgerechten, im Ergebnis jedoch mißlungenen ärztlichen Heileingriffs mit einer materiellen Tatbestandsauffassung allein noch nicht begründen. Denn vom Erfolg her gesehen, ist die Verletzung des tatbestandsmäßigen Rechtsguts hier nicht gut zu bestreiten. Erst eine Betrachtungsweise, die eine Beurteilung ex ante erlaubt, d. h. aber: die innerhalb des tatbestandsmäßigen Unrechts zwischen Handlungs- und Erfolgsunwert unterscheidet, vermag dem kunstgerechten Heileingriff des Arztes auch im Falle des Mißlingens den Sinn einer Tötungs- oder Körperverletzungshandlung abzusprechen.

Gesichtswinkel des erlaubten Risikos — trotz ihrer Tatbestandsmäßigkeit als gerechtfertigt erscheint. Anders die Lehre von der »sozialen Adäquanz« in ihrer ursprünglichen Fassung[50]). Sie verneinte in beiden Fällen die Tatbestandsmäßigkeit und drohte damit, die Grenze zwischen Mangel am Tatbestand und Rechtfertigungsgrund zu verwischen. Welzel hat denn auch seine Lehre inzwischen dahin abgewandelt, daß es in den Fällen der sozialen Adäquanz nicht an der Tatbestandsmäßigkeit fehle, diese hier vielmehr von vornherein nicht die Rechtswidrigkeit indiziere[51]). Die soziale Adäquanz ist also zum Rechtswidrigkeitsproblem geworden und unterscheidet sich von den herkömmlichen Rechtfertigungsgründen nur durch die »Normalität« der ihr zugrundeliegenden Situation. Von den beiden Beispielsfällen löst übrigens Welzels nur noch den Fall des gefährlichen Betriebs mit Hilfe der sozialen Adäquanz. Beim ärztlichen Heileingriff unterscheidet er: Für den Fall des gelungenen Eingriffs verweist er auf die herrschende Lehre, die schon die Tatbestandsmäßigkeit verneint. Für den Fall des Mißlingens nimmt er dagegen jetzt eine tatbestandsmäßige Körperverletzung an, die allein nach den Grundsätzen des Handelns mit rechten Mitteln zum rechten Zweck gerechtfertigt werden könne[52]).

b) Daß Welzel sowohl in der systematischen Einordnung der sozialen Adäquanz als auch in der Behandlung des ärztlichen Heileingriffs zu einer Revision seines früheren Standpunkts gelangt ist, hängt mit einer Wandlung seiner Lehre vom Tatbestand und dessen Verhältnisses zur Rechtswidrigkeit zusammen, auf die jetzt näher einzugehen ist, weil sie in gewissem Sinn die Gegenposition zu der hier vertretenen Auffassung darstellt und auch für die später zu erörternden Schuldfragen von erheblicher Tragweite ist.

Welzel bestimmt den Tatbestand neuerdings[53]) als »Verbotsmaterie« der Strafnormen, d. h. als die gegenständliche Beschreibung des verbotenen Verhaltens. Zur Rechtswidrigkeit verhalte sich der Tatbestand daher wie die Verbotsmaterie zum Verbotensein. Da es aber kein schlechthin verbotenes Verhalten gebe, sei der Tatbestand — obwohl Verbotsmaterie — nur ein Indiz der Rechtswidrigkeit.

Ob diese Bestimmung des Tatbestands und seines Verhältnisses zur Rechtswidrigkeit nicht schon deshalb zu eng ist, weil sie die Schuld von vornherein aus dem Tatbestandsbereich verbannt, sei zu-

---

50) Vgl. Welzel, ZStW. 58, 515ff., Dt. Strafr., 2. Aufl., S. 36f.

51) Welzel, Neues Bild, 2. Aufl., S. 19f., Dt. Strafr., 3. Aufl., S. 61.

52) Welzel, Dt. Strafr., 3. Aufl., S. 208.

53) Welzel, Aktuelle Strafrechtsprobleme der finalen Handlungslehre, S. 13f., Dt. Strafr., 3. Aufl., S. 40ff.

nächst dahingestellt. Jedenfalls ist sie den Bedenken ausgesetzt, die die Dogmatik seit Beling dazu veranlaßt haben, die bloß formale durch eine materielle Bestimmung von Tatbestandsmäßigkeit und Rechtswidrigkeit zu ergänzen. Der besondere Strafwürdigkeitsgehalt der Tat, durch den sich überhaupt erst das verbrecherische vom sonstigen Unrecht unterscheidet, läßt sich mit der formalen Kategorie eines bloßen Verbotenseins nicht erfassen. Nur eine Betrachtungsweise, die auf den sachlichen Sinn des Verbots, auf die ihm zugrundeliegenden Zweck- und Werterwägungen abstellt, gelangt zu einem graduierbaren Maßstab, an dem gemessen das tatbestandsmäßige Verhalten zu dem für die betreffende Deliktsart typischen Unrecht wird. Will man daher nicht auf die systematische Erfassung gerade der Momente verzichten, die die Tat sachlich zum Delikt machen, so darf man im Tatbestand nicht nur die Umschreibung einer Verbotsnorm, muß in ihm vielmehr zugleich das Ergebnis einer materiellen Wertung sehen. In diesem Sinn bedeutet die Tatbestandsmäßigkeit für das Verbotensein der konkreten Tat zwar nur ein widerlegbares Indiz, steht damit aber andererseits fest, daß die Tat den materiellen Unrechtsgehalt aufweist, der für die betreffende Deliktsart typisch ist[53a]). Tötung kann — etwa im Fall der Notwehr — erlaubt sein. Die für das Tötungsdelikt typische Rechtsgutsverletzung wird dadurch jedoch nicht aus der Welt geschafft.

Von der ursprünglichen Belingschen Systematik unterscheidet sich die Lehre Welzels freilich durch die finale Auffassung der tatbestandsmäßigen Handlung. Dadurch verliert zwar der Gegensatz objektiv-subjektiv die systematische Bedeutung, die ihm Beling beigemessen hatte. An der Loslösung des Tatbestands vom rechtlichen Unwert ändert der Finalismus jedoch nichts. Fragt man sich, was Welzel veranlaßt haben kann, insoweit den Schritt zurück zur formalen Betrachtungsweise des Belingschen Systems zu tun, so könnte der Grund einmal in den Tendenzen des neueren strafrechtlichen Denkens liegen, das verbrecherische Unrecht nicht mehr ausschließlich im Zeichen der Rechtsgutsverletzung zu sehen, es vielmehr auch als sozialethisch verwerfliches Verhalten zu begreifen. Indessen würde eine solche Betrachtungsweise, die durchaus auch auf der Linie der hier vertretenen Anschauungen liegt, nur dazu führen, den sachlichen Sinn des Unrechts um den sozialethischen Unwertgehalt zu erweitern; in der falschen Anschuldigung beispielsweise neben dem Angriff auf die Rechtspflege auch das denunziatorische Element ins Auge zu

[53a]) Die Tatbestandsmäßigkeit ist also im Sinne der Mezgerschen Terminologie ratio essendi für die Zugehörigkeit der Tat zum Unrechtstypus, dagegen nur ratio cognoscendi für deren Rechtswidrigkeit im konkreten Fall.

fassen oder zu erkennen, daß bei gewissen Sittlichkeitsdelikten ausschließlich der Aktunwert den Unrechtsgehalt bestimmt. Im übrigen verkennt die hier vertretene Anschauung nicht, daß mit der materiellen Betrachtungsweise nur eine Seite des Unrechts erfaßt wird. Unrecht muß immer auch Widerspruch zu einem rechtlichen Sollen sein. Über dem Blick auf den sachlichen Gehalt darf die normative (»formelle«) Bedeutung des Unrechts nicht zu kurz kommen. Nur soweit sie in dem Sinn des betreffenden rechtlichen Verbots ihre Stütze findet, vermag die Sozialschädlichkeit der Tat den Unrechtsgehalt des Deliktstypus zu bestimmen oder ihr Fehlen die materielle Tatbestandsmäßigkeit auszuschließen.

Man wird daher nicht fehl gehen, wenn man den eigentlichen Anlaß zu der formalen Tatbestandslehre Welzels in etwas anderem sieht. Es ist das Bestreben, den Bereich des Tatbestandsirrtums zugunsten der Anwendungsfälle des Verbotsirrtums einzuschränken. Dies wiederum hängt mit der verschiedenen Behandlung zusammen, die die beiden Arten bekanntlich im finalen System Welzels erfahren. Hier interessieren zunächst nur die Konsequenzen für die Tatbestandslehre.

Setzt man, wie Welzel es tut, den Tatbestand nur zu der formalen Kategorie des Verbotenseins in Beziehung, dann läßt er sich von der Rechtswidrigkeit in der Tat nicht anders unterscheiden, als daß man in ihm die gegenständliche Beschreibung des verbotenen Verhaltens sieht. Welzel zieht hieraus den Schluß, daß der Bereich des Tatbestands dort endet, wo der Gesetzgeber den Verbotsinhalt nicht mehr durch Angabe sachlich-gegenständlicher Merkmale differenziert, sich vielmehr auf allgemeine Wertformeln beschränkt oder es dem Richter stillschweigend überläßt, die Lücken der Verbotsnorm auszufüllen (»offene« Tatbestände)[53b]. Als nicht mehr zum Tatbestand gehörig rechnet er daher das Rechtswidrigkeitserfordernis und seine Definition in den §§ 240, 253, die Verletzung der objektiven Sorgfaltspflicht bei den Fahrlässigkeits- und die Verletzung der Garantenpflicht bei den unechten Unterlassungsdelikten, aber auch das, was er die speziellen Rechtspflichtmerkmale nennt, so etwa die Rechtmäßigkeit der Amtsausübung in § 113, die Rechtsgültigkeit der

[53b]) Grundsätzlich ebenso Lang-Hinrichsen (oben Anm. 48) für den von ihm sog. gesetzlichen oder Garantie-Tatbestand. Er unterscheidet daneben freilich einen weiteren Begriff des »Gesamttatbestands«, der als Inbegriff aller für die Rechtswidrigkeit maßgebenden Merkmale auch die durch einschränkende Sinninterpretation zu gewinnenden Tatbestandsergänzungsmerkmale, die die Erfolgsabwendungspflicht beim unechten Unterlassungsdelikt begründenden Merkmale (Handlungspflichtmerkmale) sowie mit umgekehrten Vorzeichen die Rechtfertigungsmerkmale umfaßt. S. dazu unten Anm. 58a.

Verordnung in § 110, die mandelnde Befugnis zur Geheimnisverletzung in § 300 usw.[54]). Da es sich hierbei durchweg um strafbegründende Merkmale handelt[55]), müssen sie, wenn sie nicht zum Tatbestand gehören, an einer anderen Stelle des Verbrechensaufbaus ihren Platz finden. Welzel verschafft ihnen diesen Platz, indem er sie als besondere Rechtswidrigkeitsmerkmale auffaßt, die neben den Tatbestandsmerkmalen den deliktischen Charakter der Handlung bestimmen.

Der Gegensatz dieser Lehre zu der hier vertretenen Meinung liegt auf der Hand[56]). Versteht man, wie wir dies tun, unter Tatbestand den Inbegriff der die jeweilige Deliktsart als solche konstituierenden Merkmale, dann ist für unrechtsbegründende Merkmale neben dem Tatbestand kein Raum, kann sich vielmehr die Frage nach der Rechtswidrigkeit nur im negativem Sinn stellen, d. h. als Frage nach einem etwaigen Ausschluß der Rechtswidrigkeit trotz Verwirklichung des Tatbestands. Jedes Merkmal, das den Unrechtsgehalt der betreffenden Deliktsart mitbestimmt, ist also für uns Tatbestandsmerkmal, gleichgültig, wie weit dabei der Gesetzgeber den Verbotsgehalt gegenständlich näher umschrieben hat. Das Ausmaß der rechtsstaatlich erwünschten Differenzierung, ein formales Prinzip, kann für die sachliche Bedeutung des Merkmals im Verbrechensaufbau nicht entscheidend sein. Auch handelt es sich in den Fällen, wo der Gesetzgeber zur näheren Kennzeichnung des deliktstypischen Verhaltens allgemeine Wertformeln verwendet, in Wahrheit nicht um inhaltlose Verbote, um Verbote ohne »Verbotsmaterie«. Es wird vielmehr lediglich dem Richter überlassen, die vom Gesetz gemeinte Materie gegenständlich näher zu bestimmen, d. h. diejenigen Verhaltensweisen im einzelnen aufzufinden, die mit der allgemeinen Formel zwar nur summarisch, doch erkennbar erfaßt sind. Erst dann würde ein Merkmal aufhören, Tatbestandsmerkmal zu sein, wenn damit — wie etwa in den Fällen des § 239 (»widerrechtlich«) oder des § 303 (»rechtswidrig«) — nicht mehr die betreffende Deliktsart gekennzeichnet, vielmehr lediglich auf die Möglichkeit einer Rechtfertigung, also auf das Rechtswidrigkeitserfordernis als allgemeine Verbrechensvoraussetzung hingewiesen werden soll. Ob ein Merkmal in dem einen oder anderen Sinn zu verstehen ist, läßt sich freilich

---

[54]) Welzel, Dt. Strafr., 3. Aufl., S. 59f.

[55]) Mit Ausnahme des Merkmals »unbefugt« in § 300, das wohl nicht hierher gehört, weil es nur als ein Hinweis auf mögliche Rechtfertigungsgründe aufzufassen ist.

[56]) Kritisch auch: H. v. Weber, Materialien zur Strafrechtsreform (1954), Bd. 1, S. 279.

nur mit Hilfe materieller Kriterien, d. h. aber nur auf Grund einer Auffassung vom Tatbestand beurteilen, die dessen sachlichen Unwertgehalt mit einbezieht.

So gesehen, gehört die Verletzung der objektiven Sorgfaltspflicht zum spezifischen Unrechtsgehalt und damit zum Tatbestand der Fahrlässigkeitsdelikte. Aber auch die Frage der Verletzung der Garantenpflicht bei den unechten Unterlassungsdelikten ist schon eine solche der Tatbestandsmäßigkeit. Denn es war gerade der Sinn der Lehre von den Garantenpflichten, unter den möglichen Handlungspflichten diejenigen auszusondern, deren Verletzung das Unterlassen dem spezifischen Unrechtsgehalt des betreffenden Begehungsdelikts gleichwertig macht[56a]). Das gleiche gilt für die von Welzel sog. Rechtspflichtmerkmale. So begründet beispielsweise nur die Verletzung der legitimen Autorität, der Widerstand gegen eine rechtmäßige Amtsausübung den in § 113 gemeinten Typus.

Das entscheidende praktische Bedenken gegen die Welzelsche Lehre scheint uns jedoch darin zu liegen, daß sie aus einer Begriffsbildung, die lediglich auf formal-rechtsstaatlichen Erwägungen beruht, dennoch materielle Unterscheidungen herleitet. Tatbestandsmerkmale und besondere Rechtswidrigkeitsmerkmale werden, obwohl sie, wie gezeigt, für den sachlichen Unrechtsgehalt des Deliktstyps die gleiche Bedeutung haben, in der Irrtumslehre verschieden behandelt. Das eine Mal soll es sich um einen Tatbestands-, das andere um einen Verbotsirrtum handeln, mit den bekannten unterschiedlichen Folgen, die Welzel hieraus für den Fall eines verschuldeten Irrtums zieht. Gäbe es beispielsweise eine ausdrückliche gesetzliche Vorschrift, die den Vater, der den Tod seines Kindes nicht verhindert, nach den §§ 211 ff. bestraft, so wäre der Vater, der sein Kind ertrinken läßt, es aber schuldhaft nicht als solches erkennt, nur wegen fahrlässiger Tötung strafbar, weil er sich in einem Tatbestandsirrtum befunden hätte. Ist es aber, wie im geltenden Recht, dem Richter überlassen, einen entsprechenden Rechtssatz sinngemäß aus den Begehungstatbeständen der §§ 211 ff. herzuleiten, so wird die Verletzung

[56a]) Da der Maßstab für diese Gleichwertigkeit durch Sinninterpretation der Tatbestände der Begehungsdelikte gewonnen wird (auch die Nichtverhinderung des Todeserfolgs durch einen Garanten erscheint als »töten«), ist auch die formelle Tatbestandsmäßigkeit gegeben (oben Anm. 47). Dem rechtsstaatlichen Ideal entspricht eine solche extensive Auslegung der Begehungstatbestände, aus der sich die Strafbarkeit der unechten Unterlassungsdelikte allein herleiten läßt, freilich nicht. Jedoch wird an diesem Bedenken jedenfalls dadurch nichts geändert, daß man die Verletzung der Garantenpflicht nicht zum Tatbestand rechnet, sondern wie Welzel als besonderes Rechtswidrigkeitsmerkmal auffaßt.

der Rettungspflicht zum besonderen Rechtswidrigkeitsmerkmal und der Irrtum über ihre Voraussetzungen zum Verbotsirrtum. Der Vater wäre also im gleichen Fall wegen vorsätzlicher Tötung zu bestrafen, wobei die Strafe freilich wegen verringerter Schuld gemildert werden könnte[57]). Ein Ergebnis, das schwerlich zu befriedigen vermag. Im übrigen zeigt dieses Beispiel, daß sich hinter der verschiedenen Behandlung, die Tatbestands- und Rechtswidrigkeitsmerkmale in der Irrtumslehre Welzels erfahren, nicht etwa doch ein sachlicher Gegensatz, nämlich der zwischen einem Irrtum über das Wertungsobjekt und einem Irrtum in der Wertung verbirgt. Denn der Irrtum des Vaters über die sachlichen Voraussetzungen seiner Garantenpflicht ist zweifellos Objektsirrtum, wie es andererseits auch normative Tatbestandsmerkmale — etwa die Unzüchtigkeit der Handlung — gibt. Auch insoweit besteht also kein prinzipieller Unterschied zwischen den Welzelschen Tatbestands- und Rechtswidrigkeitsmerkmalen. Warum sollte auch das Ergebnis der richterlichen Differenzierung der Sache nach etwas anderes sein als das der Differenzierung durch den Gesetzgeber selbst?

c) In einem anderen für die Irrtumsfrage bedeutsamen Punkt der Tatbestandslehre stimmt dagegen der hier vertretene mit dem Standpunkt Welzels jedenfalls im Ergebnis überein: nämlich in der Gegnerschaft gegen den Versuch, die Rechtfertigungsgründe als sog. negative Tatbestandsmerkmale systematisch mit dem Begriff des Tatbestands in Verbindung zu bringen[58]). Für unsere materielle Auffassung des Tatbestands ergibt sich die Ablehnung dieser Konstruktion aus der Erwägung, daß der Tatbestand als Verkörperung des jeweiligen Deliktstypus nicht auch Momente umfassen kann, die außerhalb dieses Typus liegen[58a]). Dabei ist die Unterscheidung von Unrechtstypus und atypischer Erlaubnissituation nicht nur logisch,

---

[57]) Welzel selbst vermeidet allerdings dieses Ergebnis, indem er (Dt. Strafr., 3. Aufl., S. 155) schon die Entstehung der Garantenpflicht ganz allgemein davon abhängig macht, daß der Garant von den Voraussetzungen seiner Garantenstellung Kenntnis hat. Eine Lösung, die zum mindesten insofern Bedenken erweckt, als sie im Fall fahrlässiger Unkenntnis eine Bestrafung aus unechtem Unterlassungsdelikt ausschließt. Vgl. im übrigen unten IV 4.

[58]) Vgl. zum Stand der Lehre Mezger, LpzK Bd. 1, 7. Aufl., Einl. III 3 (S. 8f.), I 11 zu § 59 (S. 445); Arthur Kaufmann, JZ 1954, 653.

[58a]) Versteht man dagegen i. S. des »Gesamttatbestands« Lang-Hinrichsens (oben Anm. 53b) unter Tatbestand »die Gesamtheit der für die Rechtswidrigkeit maßgebenden Merkmale«, so lassen sich darunter auch die Rechtfertigungsgründe als negative Tatbestandsmerkmale subsumieren. Indessen wird mit einem solchen Tatbestandsbegriff, der nicht an dem spezifischen Unrechtsgehalt der Deliktsart, sondern an der Rechtswidrigkeit schlechthin orientiert ist, die typisierende Funktion des Tatbestands preisgegeben.

sondern auch in der Sache begründet. Denn die Deliktstypen sind nicht bloße juristische Kunstprodukte, vielmehr von Lebensvorgängen abgezogen, die als solche eine Sinneinheit darstellen. Auch das Argument Welzels, daß der rechtfertigende Ausnahmefall nicht die Verbotsmaterie, sondern nur das Verbotensein der Materie berühre, läuft letztlich auf eine Berücksichtigung des sachlichen Eigen-Sinns des tatbestandsmäßigen Verhaltens hinaus. Tatbestand und Rechtfertigungsgrund lassen sich nicht als solche, sondern nur in ihrem Verhältnis zu einer dritten Größe — dem Verbotensein — mit einander vergleichen und auf einen Nenner bringen. Töten hört, wenn in Notwehr begangen, zwar auf, verbotenes Töten, nicht aber auf, Töten zu sein.

d) Die von uns vertretene Gleichsetzung von Tatbestand und Deliktstypus hat, wie wiederholt ausgesprochen, zur Folge, daß alle Merkmale, die den Strafwürdigkeitsgehalt der jeweiligen Deliktsart bestimmen, zu Tatbestandsmerkmalen werden. Bei näherem Zusehen zeigt sich indessen, daß die Deliktsmerkmale, auf ihre typisierende Funktion hin betrachtet, einen Unterschied aufweisen. Es gibt Merkmale, die der fraglichen Deliktsart unmittelbar die besondere »Färbung« verleihen, durch die sie sich von anderen Deliktsarten unterscheidet, und solche, die erst in Verbindung mit jenen »primären« Merkmalen den Deliktsgehalt bestimmen. Zu der ersten Gruppe gehören Merkmale wie »tötet«, »wegnimmt«, »fremde bewegliche Sache«, »Gesundheit beschädigt«, aber auch »böswillig« und »aus niedrigen Beweggründen«, zu der zweiten Gruppe Merkmale wie »vorsätzlich«, »fahrlässig« oder das ungeschriebene Merkmal »Verletzung einer Garantenpflicht«.

Es fragt sich, ob aus diesem Unterschied Folgerungen für die Systematik des Verbrechensaufbaus zu ziehen sind. Sie könnten nur darin liegen, daß man die Merkmale der ersten Gruppe als die eigentlich deliktstypischen auffasste und den Begriff des Tatbestands auf sie beschränkte. Ein als Element des Verbrechensaufbaus brauchbarer Tatbestandsbegriff würde sich jedoch auf diese Weise nicht ergeben. Denn ein solcher Begriff würde weder die Gesamtheit der Deliktsmerkmale umfassen noch eine systematisch sinnvolle, d. h. entweder auf den Unrechts- oder Schuldgehalt abstellende, Auswahl daraus treffen. Er würde vielmehr den Deliktstypus willkürlich zerstückeln, insbesondere, was allerdings erst an späterer Stelle begründet werden kann, durch Ausscheidung des Vorsatzes das einheitliche Handlungsgefüge auflösen. Aufbauelement des Deliktstypus, so zeigt sich, ist alles, was ihn als individuelle Erscheinungsform des Verbrechens konstituiert, nicht nur das, was ihn von anderen Deliktstypen unterscheidet. Der Typus fahrlässige Tötung wird durch die Fahrlässigkeit, freilich eine auf den Todeserfolg bezogene Fahrlässigkeit, nicht minder bestimmt als durch die Tötung. Es kann und muß daher an dem alle Deliktsmerkmale umfassenden Tatbestandsbegriff festgehalten werden.

Bezeichnend und eine gewisse Bestätigung für das hier gefundene Ergebnis ist die Wendung, die Beling gegen Ende seines Lebens seiner Lehre vom Tatbestand gegeben hat. Wohl unter dem Eindruck der teleologischen Tendenzen dieser Zeit wird auch für ihn der Deliktstypus zum systematischen Grundbegriff. Er kennt zwar daneben auch noch einen engeren Begriff des »Tatbestands«, der gerade die Momente umfaßt, die in dem eben besprochenen Sinn dem einzelnen Deliktstyp die spezifische Eigenart gegenüber den anderen Deliktstypen verleihen. Beling sieht jedoch in diesem Tatbestand nicht mehr wie in dem Tatbestand seiner »Lehre vom Verbrechen« einen Bestandteil der Verbrechensdefinition, nicht einen Inbegriff von Deliktsmerkmalen, sondern nur noch ein »Leitbild« oder »Regulativ« des Deliktstypus, der insofern als »tatbestandsbezogen« erscheint[59]).

e) Mit erheblichem Widerspruch muß schließlich die hier vertretene These rechnen, daß der Tatbestand nicht nur den typischen Unrechts- sondern auch den typischen Schuldgehalt der jeweiligen Deliktsart verkörpere[60]). Soweit die Lehre vom Tatbestand an § 59 anknüpft, d. h. darunter nur die Summe der Merkmale versteht, auf die sich der Vorsatz zu beziehen hat, ist für einen Schuldtatbestand in der Tat kein Raum. Indessen kann nach allem bisher Gesagten ein solcher aus § 59 hergeleiteter Tatbestandsbegriff nicht der gesuchte systematische Grundbegriff sein. Bezieht man ihn auf alle objektiven Merkmale der gesetzlichen Tatbeschreibung, dann ist er nicht Deliktstatbestand, weil er auch die Bedingungen der Strafbarkeit mitumfaßt. Schränkt man ihn deshalb durch ein materielles Kriterium wieder ein, d. h. versteht man darunter die Summe der objektiven Merkmale des gesetzlichen Unrechtstypus, so gewinnt man dadurch zwar die in § 59 gemeinten Bezugsobjekte für den Vorsatz. Zugleich aber zeigt es sich, daß der an § 59 orientierte Tatbestandsbegriff nicht der gesuchte allgemeine Begriff sein kann, vielmehr nur einen Ausschnitt daraus darstellt. Denn es besteht heute im wesentlichen Einigkeit darüber, daß es auch subjektive Merkmale des gesetzlichen Unrechtstypus gibt. Hat man aber erst einmal den

[59]) Vgl. Beling, Lehre vom Tatbestand (1930), S. 17ff.

[60]) In diesem Sinne immerhin schon J. Goldschmidt Frank-Festg. 1, 462f. und neuerdings insbesondere R. Lange, JR. 1949, 165, Mezger, NJW. 1953, 2.

Schritt von der formellen zur materiellen Betrachtungsweise und damit von der wertfreien Beschreibung zum Deliktstypus getan, so verliert nicht nur der Gegensatz von objektiv und subjektiv seine systematische Bedeutung, muß sich vielmehr neben der Frage nach dem Unrechtsgehalt auch die nach dem Schuldgehalt des Deliktstypus stellen.

Freilich ist damit noch nicht gesagt, daß der Schuldseite der jeweiligen Deliktsart neben der Unrechtsseite eine selbständige typisierende Bedeutung zukomme. Es wäre vielmehr denkbar, daß mit dem jeweiligen Unrechtstypus auch schon der spezifische Schuldgehalt feststände, weil der Inhalt des Schuldvorwurfs sich in der subjektiven Verantwortlichkeit für das begangene Unrecht erschöpfte. Der Unrechtstypus wäre damit zugleich mittelbarer Schuldtypus. Indessen zeigt die Existenz sog. objektiver Schuldmerkmale[61]) wie das Vorliegen einer Notlage in § 248a oder die Unehelichkeit des Kindes in § 217, daß es auch Merkmale gibt, die den Schuldgehalt des Deliktstypus direkt, d. h. ohne Vermittlung eines entsprechenden Bezugsobjekts im Unrechtstatbestand, differenzieren. Die Unehelichkeit des Kindes etwa berührt das Unrecht der Tötungshandlung nicht; die seelische Bedeutung dieses Umstandes für die Kindesmutter mindert jedoch das Maß der Schuld gegenüber dem Normalfall. Voraussetzung ist allerdings, daß man auch im Bereich der Schuld die formelle durch eine materielle Betrachtungsweise ergänzt, daß man in der Schuld nicht nur das Ergebnis einer subjektiven Zurechnung, sondern auch den Ausdruck vorwerfbarer Gesinnung sieht[62]). Denn nur dann wird sie zu einen steigerungsfähigen Begriff, gibt es neben den »Graden des Unrechts« (Kern) auch solche der Schuld, und kann das Schuldmaß wie in den §§ 217, 248a den Deliktstypus mitbestimmen. Ob es außer den objektiven Schuldmerkmalen noch weitere den Schuldgehalt der Tat selbständig typisierende Tatbestandsmerkmale gibt, ob beispielsweise auch die sog. Gesinnungsmerkmale wie »böswillig«, »in gewinnsüchtiger Absicht« usw. dazugehören oder vielmehr subjektive Unrechtselemente darstellen, muß an dieser Stelle noch offengelassen werden[63]). Denn eine Antwort auf diese Frage setzt eine genauere Grenzziehung zwischen Unrecht und Schuld voraus, die erst noch gefunden werden soll.

---

[61]) Vgl. dazu die Untersuchungen von Hegler, RGFestg. 5, 314 N. 35, Frank Festg. 1, 252ff. und Thierfelder, Objektiv gefaßte Schuldmerkmale (1932). Kritisch dazu Mezger Allg. Tl., 5. Aufl., S. 131f., Nagler, LpzK. 6. Aufl., S. 37.

[62]) S. dazu unten S. 45.

[63]) S. darüber unten S. 46.

Jedenfalls ergibt sich aus dem Gesagten, daß unser am Deliktstypus orientierter Tatbestandsbegriff in mehrfacher Bedeutung gemeint sein kann. Man kann ihn einmal ganzheitlich, als Tatbestand »schlechthin« verstehen, d. h. zu dem nach Unrechts- und Schuldseite noch ungeschiedenen Strafwürdigkeitsgehalt des Deliktstypus in Beziehung setzen[64]). Man kann ihn aber auch jeweils, sei es auf die Unrechts-, sei es auf die Schuldmerkmale des Deliktstypus beschränken und auf diese Weise zwischen Unrechts- und Schuldtatbestand unterscheiden. Fügt man schließlich die unrechts- und schuldtypisierenden Merkmale wieder zusammen, so ergibt sich ein Gesamttatbestand, der sich von dem ganzheitlich verstandenen Tatbestand nur dadurch unterscheidet, daß er den Deliktstypus als Inbegriff von Merkmalen erfaßt, die nach der Unrechts- und Schuldseite bereits differenziert sind[65]).

IV.

1. Es kann nicht zweifelhaft sein, daß zu den Merkmalen jedenfalls des ganzheitlich verstandenen Tatbestands auch der Vorsatz gehört. Damit ist zwar die umstrittene Frage nach der Lozierung des Vorsatzes, von der unsere Untersuchung ausgegangen ist, noch nicht beantwortet, aber doch eine Feststellung von erheblicher Tragweite getroffen. Es ergibt sich nämlich daraus, daß dem eigentlichen systematischen Anliegen der fHL, der Vorverlegung des Vorsatzes aus dem Schuld- in den Unrechtsbereich, mit

---

[64]) Auch Mezger kennt neuerdings einen solchen ganzheitlichen Tatbestandsbegriff (NJW 1953, 2). Er bezeichnet ihn als »Handlungstatbestand« und bezieht ihn ausdrücklich auf das »Ganze der Straftat«. Die »Wertindifferenz«, die M. seinem Begriff zuschreibt, soll offenbar nur gegenüber Rechtswidrigkeit und Schuld als getrennten normativen Kategorien gelten, das Werturteil, daß es sich überhaupt um ein deliktisches Verhalten handelt, dagegen auch mit dem Handlungstatbestand verbunden sein (a.a.O. S. 2 mit N. 13). Damit stimmt freilich nicht recht überein, wenn M. an anderer Stelle (a.a.O. S. 3) den Handlungstatbestand als »Beschreibung eines ontologischen Sachverhalts« verstanden wissen will und dabei ausdrücklich an die Wertfreiheit des Belingschen Tatbestands anknüpft. Denn auch ein Tatbestand, der auf den nach Unrecht und Schuld noch ungeschiedenen Strafwürdigkeitsgehalt des Deliktstyps bezogen ist, beschreibt einen gewerteten Sachverhalt. Wieweit sich innerhalb des Tatbestands Objekt der Wertung und Wertung des Objekts unterscheiden lassen, ist eine andere Frage. Auch die von M. geforderte Ausscheidung der bloßen Strafbarkeitsbedingungen aus dem Handlungstatbestand (a.a.O. S. 2) läßt sich nur mit Hilfe von Wertgesichtspunkten vollziehen.

[65]) Der Gesamttatbestand Lang-Hinrichsen (oben Anm. 53b, 58a) deckt sich nicht mit dem hier gemeinten Begriff, da er einerseits nur die Unrechtseite der Tat erfaßt, andererseits nicht am Unrechtstypus, sondern an der Rechtswidrigkeit schlechthin orientiert ist.

der Auffassung des Vorsatzes als finalen Elements der tatbestandsmäßigen Handlung noch nicht Genüge geleistet wäre. Denn daß dem Vorsatz jedenfalls auch eine finale Bedeutung zukommt, geben heute auch die Gegner der fHL. zu. Bedeutet aber Vorsätzlichkeit Finalität, dann wird schon durch das Vorsatzerfordernis als solches aus dem deliktstypischen Verhalten, mag es auch kausal formuliert sein, notwendig eine Handlung bestimmten finalen Gehalts. Das besagt, daß die Finalität des tatbestandsmäßigen Verhaltens sich schon vor einer Differenzierung des Delikstypus nach Unrechts- und Schuldmerkmalen ergibt, die Anerkennung dieser Finalität also noch keine Entscheidung in der Frage der Lozierung des Vorsatzes bedeutet[66]). Der Deliktstypus Totschlag beispielsweise setzt Vorsatz und damit eine finale Tötungshandlung voraus. Trotzdem wäre es denkbar, daß der Unrechtstypus das Töten nur als Verursachung des Todeserfolgs erfaßt und, wie Mezger es einmal formuliert hat[67]), die finale Überdeterminierung des kausalen Vorgangs durch den Vorsatz erst im Gebiet der Schuld hinzutritt.

Es zeigt sich also, daß der eigentliche Gegensatz zwischen der fHL und den Anhängern der überkommenen Systematik nicht die finale Rolle des Vorsatzes überhaupt, vielmehr die Frage betrifft, ob der Vorsatz diese Rolle schon im Unrechts- oder erst im Schuldbereich spielt, oder anders ausgedrückt: ob das tatbestandsmäßige Verhalten schon als ein rechtswidriges oder erst als ein schuldhaft-rechtswidriges eine Handlung bestimmten finalen Gehalts darstellt. Diese Frage aber läßt sich nicht ohne Rückgriff auf den Unrechtssinn des Deliktstypus beantworten. Die Stellung des Vorsatzes im System hängt somit nicht, wie die fHL. annimmt, allein von ontologischen Erwägungen ab, sie ist vielmehr zugleich ein Wertungsproblem. Nicht, weil die Einsicht in die Seinsstruktur menschlichen Handelns für den Gesetzgeber keine Geltung hätte; vielmehr, weil eine rechtliche Bewertung der Handlung sich nicht denknotwendig auf deren final-kausale Totalität erstrecken muß. Das menschliche Handeln ist ein »mehrschichtiges« Gebilde; es hört nicht auf, auch ein kausaler Vorgang zu sein, weil der Ablauf des ursächlichen Geschehens nicht »blind« erfolgt, vielmehr durch den zwecksetzenden Willen gesteuert, final »überdeterminiert« wird. Es ist daher denkbar, daß eine unter einem bestimmten Blickwinkel — etwa dem der realen Rechtsgutsverletzung — vorgenom-

---

[66]) So sieht Mezger (NJW. 1953, 3) in dem finalen Gehalt des Vorsatzes zwar ein Element des ganzheitlich verstandenen Handlungs-Tatbestands (oben Anm. 64), nicht aber des Unrechts-Tatbestands.

[67]) Mezger, Kurzlehrb., Bes. Teil, 2. Aufl., S. 269.

mene rechtliche Bewertung die Handlung nicht als final-kausale Sinneinheit ins Auge faßt, sondern lediglich an deren kausale Seite anknüpft. Welzel selbst unterscheidet bekanntlich in anderem Zusammenhang den Handlungs- vom Erfolgsunwert menschlichen Handelns.

2. Die Gründe, die für und wider die Vorverlegung des Vorsatzes in den Unrechtstatbestand und damit eine finale Auffassung schon des rechtswidrigen Verhaltens sprechen, sind in der Diskussion der letzten Jahre so ausgiebig und gründlich erörtert worden, daß die vorliegende Darstellung sich auf eine zusammenfassende Wiedergabe des eigenen Standpunktes hierzu beschränken kann. Dabei wird, um die Darstellung nicht zu komplizieren, zunächst davon ausgegangen, daß die Begriffe Vorsatz und Finalität sich decken, unter Vorsatz also dessen unstreitiger finaler Gehalt verstanden. Die Bedenken, ob sich einerseits die Bedeutung des Vorsatzes in der Finalität erschöpft, andererseits strafrechtlich relevante Finalität nicht auch außerhalb vorsätzlicher Begehung findet, bleiben eine Erörterung an späterer Stelle vorbehalten.

a) Die Alternative zur finalen ist die kausale Deutung des tatbestandsmäßig-rechtswidrigen Verhaltens. Sie liegt dort nahe, wo dieses Verhalten lediglich als Erfolgsverursachung beschrieben ist. Es sind daher bezeichnenderweise die reinen Erfolgsdelikte wie die Tötung, die den Begründern der überkommenen Systematik immer wieder als Beispiele gedient haben. Andererseits steht die Entdeckung final gefaßter Tatbestände wie »dem Wilde nachstellen«, »Widerstand leisten« durch Helmut von Weber[68]) an den Anfängen des Finalismus. Sieht man näher zu, so zeigt es sich, daß nicht nur diese Tatbestände, bei denen das Erfordernis subjektiver Zielstrebigkeit schon aus der Art des gebrauchten Zeitworts erhellt, einen finalen Vorgang beschreiben. Es gilt dies vielmehr für alle Deliktstypen, die nicht als reine Erfolgsdelikte gestaltet sind, also für die Regel. Auch mit »wegnehmen«, »verfälschen«, »vorspiegeln«, »nötigen«, »zueignen«, »Unzucht treiben« usw. wird ein Handeln, ein von einem subjektiven Sinn gelenktes Verhalten, nicht ein bloßer Kausalablauf beschrieben. Es bedürfte hier erst einer künstlichen, den einheitlichen Sinnzusammenhang auflösenden Umdeutung, um den finalen Vorgang auf seine kausale Bedeutung zu reduzieren. Geschähe dies nur aus darstellerischen Gründen, nur, um das Zugleich von objektiven und subjektiven Merkmalen in ein logisches Nacheinander zu verwandeln, so wäre ein solches Verfahren unbedenk-

[68]) H. v. Weber, Zum Aufbau des Strafrechtssystems (1935).

lich und in gewissem Umfang unvermeidlich. Hätte aber — und darum geht es hier — eine solche Umdeutung der gesetzlichen Handlungstypen in reine Kausalvorgänge den Sinn, den Unrechtsbereich abzugrenzen, d. h. das Rechtswidrigkeitsurteil auf die kausale Seite der tatbestandsmäßigen Handlung zu beschränken, so wäre sie zum mindesten nicht selbstverständlich, und hätte, wer sie vertritt, angesichts der finalen Fassung der Tatbestände für ihre Berechtigung oder Notwendigkeit die Beweislast. Der Grund könnte nur im Wesen des Rechtswidrigkeitsurteils oder im sachlichen Gehalt des Unrechts liegen. In der Tat ist die kausale Betrachtungsweise einerseits mit dem objektiven Charakter der formellen Rechtswidrigkeit, andererseits mit der Auffassung des Unrechts als Rechtsgutsverletzung begründet worden.

Auf die Stichhaltigkeit dieser Argumente wird noch zurückzukommen sein. Zunächst ist zu fragen, welche Schlüsse sich, unbeschadet etwaiger Einwendungen aus der Rechtswidrigkeitslehre, aus der finalen Fassung der Mehrzahl der Tatbestände für die Stellung des Vorsatzes ergeben. Daß der Gesetzgeber mit den tatbestandsmäßigen Handlungen zugleich verbotene Handlungen beschreiben will, kann nicht zweifelhaft sein. Damit aber wird auch die finale Seite dieser Handlungen zur Verbotsvoraussetzung, d. h. zum Rechtswidrigkeitselement. Allerdings umfaßt, worauf insbesondere Bockelmann hingewiesen hat[69]), die Finalität, die der im Gesetz beschriebenen Tätigkeitsart immanent ist, regelmäßig nur einen Ausschnitt aus der Finalität, die der Vorsatz des betreffenden Tatbestands voraussetzt. Der subjektive Sinn etwa eines »dem Wilde Nachstellens« erstreckt sich nicht notwendig darauf, daß dies auf fremdem Jagdrevier geschieht. Ebensowenig muß die Wegnahme final auf eine fremde Sache gerichtet sein. Indessen ist zu bedenken, daß das Verbot sich ja auch objektiv auf das Jagen im fremden Revier und die Wegnahme einer fremden Sache beschränkt und daß es deshalb willkürlich wäre, die unmittelbar auf den Akt gerichtete Finalität dem Unrechts-, ihre weitere dem Verbotssinn entsprechende Differenzierung aber dem Schuldbereich zuzuweisen — es sei dann, daß wiederum Gründe, die im Unrechtsbegriff liegen, dazu zwängen, den einheitlichen finalen Zusammenhang zu zerreißen.

b) Noch sinnfälliger und auch für die kausal gefaßten Tatbestände gültig ist das Argument, das sich für die Vorverlegung des Vorsatzes in den Unrechtsbereich aus der Strafbarkeit des

---

[69]) Bockelmann, Über das Verhältnis von Täterschaft und Teilnahme S. 26ff.

Versuchs ergibt. Tatbestandsmäßiges Unrecht läßt sich hier ohne Rückgriff auf den finalen Gehalt des Deliktsvorsatzes überhaupt nicht begründen. Das gilt auch für den Bereich der reinen Erfolgsdelikte; nicht etwa bietet sich hier ein Ausweg in der objektiven Gefährlichkeit der Versuchshandlung für das geschützte Rechtsgut. Denn mit der Gefährdung des Rechtsguts ließe sich allenfalls begründen, daß der Täter überhaupt rechtswidrig, nicht aber, daß er rechtswidrig i. S. des Verletzungstatbestands gehandelt hat. Wer sich im Schießen übt und dabei knapp an einem von ihm nicht beachteten Passanten vorbeischießt, hat zwar Leben gefährdet, aber auch objektiv nicht gegen das Tötungsverbot verstoßen. Woraus sich zugleich ergibt, daß die Abhängigkeit der tatbestandsmäßigen Rechtswidrigkeit vom Deliktvorsatz nicht nur, wie man gelegentlich angenommen hat[70]), für den objektiv ungefährlichen, also untauglichen, sondern auch für den tauglichen Versuch besteht. Mit der Preisgabe der subjektiven Versuchstheorie und damit der Strafbarkeit des untauglichen Versuchs wäre also für unser Problem nichts gewonnen.

Läßt sich aber die tatbestandsmäßige Rechtswidrigkeit im Versuchsstadium nur mit Hilfe der Finalität des Deliktsvorsatzes begründen, so ist nicht einzusehen, wieso sich durch die Vollendung der Tat an diesem Verhältnis von Vorsatz und Unrechtstatbestand etwas ändern soll. Liegt der typische Unrechtsgehalt des Tötungsversuchs in dem Beginn der Verwirklichung des Tötungswillens, so kann durch die endgültige Realisierung dieses Willens der ursprüngliche Unrechtsgehalt nicht verloren gehen oder sich in bloßen Schuldgehalt verwandeln. Es kann sich vielmehr nur fragen, ob der Eintritt des Deliktserfolgs der Tat einen zusätzlichen Unwert verleiht, zum Handlungs- der Erfolgsunwert hinzutritt. Nicht etwa ersetzt im Fall der Vollendung der Erfolgsunwert den Handlungsunwert. Denn es sind Unwerte verschiedener Qualität. Verwirklichung eines deliktischen Wollens ist etwas anderes als die Herbeiführung des Deliktserfolgs.

Es gibt nur eine Möglichkeit, die finale Begründung des Versuchsunrechts und die sich daraus ergebenden systematischen Folgerungen zu vermeiden: nämlich anzunehmen, daß, wer nur versucht, überhaupt noch nicht tatbestandsmäßig und rechtswidrig handelt, vielmehr lediglich seinen Willen (schuldhaft) auf ein tat-

[70]) Vgl. z. B. Mezger, NJW. 1953, 4: das Unrecht sei beim Versuch nur im Rahmen der subjektiven Versuchstheorie durch die Finalität der Handlung mitbestimmt.

bestandsmäßig-rechtswidriges Ziel richtet[71]). Die Annahme eines nicht rechtswidrigen, aber dennoch strafbaren Verhaltens würde indessen auf eine Gesinnungsbestrafung hinauslaufen und damit eine im Rahmen eines Tatstrafrechts unerklärliche Anomalie bedeuten. Es zeigt sich eben, daß eine ausschließlich objektiv orientierte Auffassung der Rechtswidrigkeit einem erfolgsstrafrechtlichen Denken angehört, das des Versuchsproblems nicht wirklich Herr zu werden vermag.

c) Eine finale Deutung schon des Unrechtstatbestands drängt sich weiterhin auch dort auf, wo sich gewisse strafrechtliche Konsequenzen an die schuldlose Begehung einer Straftat knüpfen. So im Fall des § 42b, der Rauschtat des § 330a und der Teilnahme an schuldloser Haupttat. In allen diesen Fällen würde eine Auffassung, die in der Finalität lediglich ein Schuldmoment sieht, dazu führen, daß mit dem Schulderfordernis auch das der Deliktstypizität preisgegeben würde. In den Fällen der §§ 42b, 330a hat die herrschende Lehre sich dieser Einsicht nicht verschlossen und für die Tat des Zurechnungsunfähigen Handeln mit »natürlichem« Vorsatz gefordert. Für die Teilnahme an schuldloser Haupttat hat sie dagegen, wohl nicht zuletzt mit Rücksicht auf die Intentionen des Gesetzgebers von 1943, die entsprechende Folgerung noch nicht gezogen[72]). Wer indessen anerkennt, daß dem Vorsatz überhaupt finale Bedeutung zukommt, und damit auch, daß das Vorsatzerfordernis jedenfalls aus dem Deliktstypus als ganzem einen Handlungstypus macht, der steht hier vor der unausweichlichen Alternative, entweder Teilnahme an einem atypischen Verhalten und damit Teilnahme ohne Täterschaft annehmen oder zugeben zu müssen, daß schon der Unrechtstypus Handlungstypus ist.

d) Auf der Linie einer finalen Unrechtsauffassung liegen schließlich im Grunde auch die schon lange vor dem Finalismus entdeckten sog. subjektiven Unrechts- oder Tatbestandsmerkmale wie die Zueignungsabsicht beim Diebstahl, die Bereicherungsabsicht beim Betrug und Erpressung, die Täuschungsabsicht bei der Urkundenfälschung u. a. Sie verdanken, wie schon in den dogmengeschichtlichen Vorbemerkungen angedeutet worden ist, ihre Entdeckung zwar dem Übergang zu einer materiellen, am geschützten Rechtsgut orientierten Unrechtsauffassung. Ihrer Struktur nach aber sind es finale Elemente, in der subjektiven

[71]) Vgl. in diesem Sinn neuerdings Nowakowski, ZStW. 63, 299.

[72]) Vgl. über den Stand der Meinungen Gallas, Materialien zur Strafrechtsreform, Bd. 1, S. 145, N. 68. Seitdem: Bockelmann, GoltdArch. 1954, 193; Mezger, JZ. 1954, 312; Welzel, JZ. 1954, 426.

Vorwegnahme der nächsten Handlungsstufe der Finalität des Versuchs verwandt. Daher mußten sie in einem System, das die materielle Unrechtsauffassung mit einem kausalen Handlungsbegriff verband, als Unrechtsmerkmale ein Fremdkörper bleiben und sind als solche von einer konsequenten Minderheit auch immer wieder abgelehnt worden[73]).

3. Wir haben bisher die Frage, wie sich die Einbeziehung der Finalität in den Unrechtstatbestand mit dem Begriff der Rechtswidrigkeit vereinbaren läßt, zurückgestellt. Jedoch bedarf diese Frage einer Antwort, wenn die für die neue Lösung vorgebrachten Argumente wirklich überzeugen sollen.

Auf den ersten Blick könnte es so aussehen, als ob mit dem Gegensatz zwischen finaler und kausaler Auffassung des tatbestandsmäßigen Unrechts der alte Streit zwischen der Imperativentheorie und der Lehre von der objektiven Natur der Rechtswidrigkeit wieder aufgelebt sei, der seit dem Aufsatz Mezgers im 89. Band des »Gerichtssaals« überwunden zu sein schien. Indessen bedeutet der Finalismus nicht eine Rückkehr zu der psychologisierenden Normauffassung der Imperativentheorie, der Mezger mit Recht entgegengehalten hatte, daß es sich bei der Bestimmung der Rechtswidrigkeit nicht um ein Problem der seelischen Reaktion des Normunterworfenen auf den Normappell, sondern um das Messen eines Sachverhalts an einem Sollen, also um eine Frage der Wertung handle. Es geht vielmehr darum, ob Mezger den Gegenstand dieser rechtlichen Wertung nicht zu eng bestimmt hat, wenn er ihn auf kausale Vorgänge im sozialen Raum beschränkte und demgemäß das Unrecht als »Veränderung eines rechtlich gebilligten oder Herbeiführung eines rechtlich mißbilligten Zustandes« definierte. Die Eigengesetzlichkeit menschlichen Handelns als finalkausaler Sinneinheit bleibt dabei jedenfalls unberücksichtigt; der ganzheitliche Vorgang wird vielmehr bewußt nur unter einem Teilaspekt — seiner ursächlichen Bedeutung für den Bestand der Rechtsgüterwelt — betrachtet. Sieht man davon ab, daß die besondere Struktur der menschlichen Handlung erst neuerdings wieder stärker in das allgemeine Bewußtsein gedrungen ist, so sind es wohl vor allem zwei Gründe, die die bisher herrschende Meinung zu einer solchen gegenständlichen Beschränkung des Unrechtsurteils veranlaßt haben. Einmal die Herleitung des materiellen Unrechtsgehalts aus dem Gedanken des Güterschutzes und sodann das Bedürfnis nach einer eindeutigen Grenzziehung zwischen Unrecht und Schuld.

[73]) Vgl. aus jüngster Zeit die eingehende Kritik Nowakowskis in ZStW. 63, 308ff.

Es ist indessen schon zu Anfang dieser Untersuchung darauf hingewiesen worden[74]), daß sich in unserem heutigen Rechtsdenken eine Betrachtungsweise durchgesetzt oder wieder durchgesetzt hat, der die ausschließliche Verknüpfung des Unrechts mit dem Schutzgedanken als zu eng erscheint, die im Unrecht nicht nur die Interessen-, sondern auch die Pflichtverletzung, nicht nur das sozialschädliche, sondern auch das sozialethisch verwerfliche Verhalten sieht. Für Werturteile dieser Art aber ist ein bloß kausaler Vorgang ein untaugliches Bezugsobjekt. Sie setzen vielmehr ein von einem subjektiven Sinn getragenes Verhalten, ein »Handeln« voraus[75]). Auch die Mehrzahl der Tatbestände des geltenden Rechts sind, wie gezeigt, nach der Begehungsweise differenziert, passen also nicht unter das Schema der bloßen Verursachung eines rechtsgutsverletzenden Erfolgs.

Es bestehen aber auch keine begrifflichen Bedenken dagegen, den Gegenstand des rechtlichen Unwerturteils über die kausale Wirksamkeit der Handlung hinaus auf diese selbst als einen einheitlichen final-kausalen Gesamtvorgang zu erstrecken. Daß ein Verhalten, auch soweit es eine bestimmte seelische Leistung verkörpert, als dem Recht widersprechend bewertet werden kann, ist nicht zu bezweifeln. Fraglich könnte nur sein, ob neben einem solchen auf den seelischen Bereich übergreifenden Rechtswidrigkeitsurteil für eine selbständige Schuldbewertung noch Raum bleibt. Darüber später (unter V).

Ein menschliches Verhalten kann somit in einem doppelten Sinn zum Gegenstand eines Rechtswidrigkeitsurteils gemacht werden: Das eine Mal wird es als ein Handeln bestimmten finalen Sinngehalts, das andere Mal lediglich als ein kausales Geschehen ins Auge gefaßt und dementsprechend sein Unrechtsgehalt entweder als »Handlungs-« oder »Erfolgsunwert« (Welzel) bestimmt[76]).

---

[74]) Vgl. oben unter I 3.

[75]) Vgl. über ähnliche Tendenzen, die subjektive Seite der Tat in das Rechtswidrigkeitsurteil miteinzubeziehen, in der italienischen Strafrechtswissenschaft: Antolisei, Manuale di diritto penale, Parte generale, 2. Aufl. (1949), S. 104f. (S. 105: »Avulso dal suo contenuto spirituale, il fatto dell' uomo non differisce punto dalle forze brute della natura e non può avere alcun significato per l'ordinamento giuridico«.); Petrocelli, L'antigiuridicità, Parte I (1947), S. 33ff, 71ff.

[76]) Der Gegensatz von Handlungs- und Erfolgsunwert deckt sich keineswegs mit dem zwischen formeller und materieller Rechtswidrigkeit. Die beiden Begriffspaare überschneiden sich vielmehr. Sowohl als Handlung als auch als bloße Erfolgsverursachung betrachtet, kann ein Verhalten daraufhin beurteilt werden, ob es dem rechtlichen Sollen (Nicht-tun- bzw. Nicht-seinsollen) oder den dieses Sollen begründenden materiellen Werten widerspricht.

Unter dem einen Aspekt etwa gilt die rechtliche Mißbilligung der Verwirklichung des Tötungswillens, unter dem anderen der Verursachung des Todeserfolgs. Gegenstand und Maßstab der rechtlichen Beurteilung sind dabei aufeinander bezogen: »Als« Handeln wird ein Verhalten nur durch eine Norm erfaßt, die selbst ein Handeln zum Gegenstand hat; und Entsprechendes gilt für die Beurteilung als kausales Geschehen. Rechtswidrigkeit ist entweder Nicht-tun- oder Nicht-sein-sollen[77]).

Gehört, wie unter 2. dargetan, im Bereich der Vorsatzdelikte die Finalität schon zum Unrechtstatbestand, so ist es hier also primär der Handlungsunwert, der den Unrechtsgehalt des Deliktstypus bestimmt. Das schließt indessen nicht aus, daß es daneben auch auf den Erfolgsunwert des tatbestandsmäßigen Verhaltens ankommt. Insbesondere läßt sich im Fall der sog. Erfolgsdelikte zwar das Ingangsetzen der Kausalreihe auf den Erfolg hin als Handlungsunwert, die tatsächliche Erfolgsherbeiführung jedoch nur als Erfolgsunwert erfassen. Darüber hinaus liegt es im Wesen der Handlung als einer final-kausalen Sinneinheit, daß auch in den Handlungsunwert als solchen der Erfolgsunwert in einer bestimmten Weise miteinbezogen ist. Insofern nämlich, als die Herbeiführung des Deliktserfolgs Inhalt des Handlungswillens und der körperliche Akt kausale Verwirklichung dieses Willens sein muß. Auch der materielle Strafwürdigkeitsgehalt des Handlungsunrechts läßt sich nicht ohne Rücksicht auf die Schädlichkeit des Erfolgs bestimmen, den zu verhindern Zweck des Handlungsverbots ist. Freilich erschöpft sich, wie wir schon sahen, der Unwertgehalt darin nicht. Hinzu kommt die sozialethische Verwerflichkeit der Begehungsweise, der Aktunwert der Tat.

Der Erfolgsunwert dagegen ist, weil lediglich auf den kausalen Ablauf bezogen, vom Handlungsunwert begrifflich unabhängig. Das wird in den Fällen bedeutsam, in denen es für die rechtliche Beurteilung nur auf den interessenverletzenden oder -gefährdenden Charakter eines Verhaltens ankommt. So bei der Rechtswidrigkeit

---

Daß es sich bei dieser Unterscheidung zwischen formeller und materieller Rechtswidrigkeit nur um zwei Aspekte derselben Sache handelt, daß nämlich die Tragweite des rechtlichen Sollens nur im Hinblick auf die ihm zugrundeliegende materielle Wertung ermittelt werden kann, diese aber nur in Verbindung mit einem rechtlichen Sollen ein Rechtswidrigkeitsurteil zu begründen vermag, ist weiter oben (S. 23f) schon angedeutet worden.

[77]) Zu diesem Gegensatz N. Hartmann, Ethik, 2. Aufl., S. 163ff.; Welzel, ZStaatsW. 97, 382. Der Begriff des »Verbots« (Verbotsnorm, Verbotswidrigkeit) wird sinngemäß dem Bereich des Nicht-tun-sollens vorzubehalten sein.

des Angriffs im Sinn der Notwehrvorschrift[78]); womit sich ein oft erhobenes Bedenken gegen die Subjektivierung des Unrechtstatbestands erledigt. Erst dort sind der Berücksichtigung des Erfolgsunwerts im Hinblick auf den Handlungsunwert Grenzen gesetzt, wo der Erfolgsunwert neben dem Handlungsunwert den Unrechtsgehalt der Tat selbständig mitbestimmt, also in dem schon besprochenen Fall der Erfolgsdelikte. Hier kann, soll der primäre Handlungssinn des Deliktstypus nicht preisgegeben werden, nur der Erfolg tatbestandsmäßig sein, der auch objektiv noch im Herrschaftsbereich des Handlungswillens liegt[79]).

4. Die bisherigen Überlegungen sind von dem Normalfall des vorsätzlichen Begehungsdelikts ausgegangen. Es fragt sich, wie weit ihre Ergebnisse auch für das vorsätzliche Unterlassungsdelikt gelten.

Daß sich das für das Begehungsdelikt Gesagte nicht ohne weiteres auch auf das Unterlassungsdelikt übertragen läßt, liegt auf der Hand. Denn da das Wesen des Unterlassungsdelikts gerade durch die Nichtvornahme einer Handlung gekennzeichnet ist[80]), scheint es hier an der Finalität und damit an dem Anknüpfungspunkt für die Vorverlegung des Vorsatzes in den Unrechtsbereich von vornherein zu fehlen.

Immerhin ist es die Negation einer Handlung, worauf sich im Fall des Unterlassungsdelikts das Rechtswidrigkeitsurteil gründet. Vom Unterlassenden wird ein Verhalten bestimmten finalen Gehalts erwartet. Der Unrechtsgehalt des Unterlassungsdelikts stellt sich, so gesehen, als »Nichthandlungsunwert« oder »negativer Handlungsunwert« dar. Der dabei angewandte Maßstab ist nicht wie beim Begehungsdelikt ein Nicht-tun-sollen, sondern ein Tun-sollen. Sicherlich sind es nur eine gedachte Finalität und nur ihr Ausbleiben, die hier das rechtliche Unwerturteil bestimmen. Indessen hat auch diese negative Beziehung zum Finalen eine sachliche Bedeutung. Es ergibt sich nämlich daraus, daß rechtswidrig i. S. eines negativen Handlungsunwerts nur die Nichtvornahme eines Tuns sein kann, dessen Vornahme möglicher Gegenstand einer Willensbetätigung des Unterlassenden war. Darin liegt ein-

[78]) Daß dort, wo der Angreifer zu der Interessenverletzung kraft Amtes oder dergleichen befugt ist, die Rechtswidrigkeit des Angriffs entfällt, ändert nichts daran, daß das die Rechtswidrigkeit begründende Moment allein im Erfolgsunwert liegt.

[79]) Vgl. über die Bedeutung dieses Erfordernisses für die Fälle des sog. Irrtums über den Kausalverlauf Welzel, Dt. Strafrecht, 3. Aufl., S. 52.

[80]) Siehe dazu oben S. 8ff.

mal, daß der Unterlassende physisch in der Lage gewesen sein muß, die gebotene Handlung vorzunehmen. Es muß ihm aber darüber hinaus auch der Entschluß zum Handeln möglich gewesen sein, d. h. er muß sich die gebotene Handlung als mögliches Willensziel entweder vorgestellt haben oder bei gebotener Anspannung seiner psychischen Kräfte (Aufmerksamkeit, Gedächtnis usw.) haben vorstellen können. Fraglich kann nur sein, ob die (faktische oder bei gebotener Anspannung zu gewinnende) Vorstellung des Unterlassenden auch seine eigene sachliche Beziehung zu der gebotenen Handlung umfassen, ob er sich ihrer als einer von ihm vorzunehmenden bewußt sein muß. Auch hier wird man wohl sagen müssen, daß die rechtliche Mißbilligung sinngemäß nur dem Nichthandeln dessen gelten kann, der die Möglichkeit hatte, die gebotene Handlung auf sich zu beziehen, von der Situation als einer ihn angehenden überhaupt angesprochen zu werden. Dazu aber ist erforderlich und genügend, daß der Unterlassende die Umstände kannte oder bei gebotener Anspannung seiner Aufmerksamkeit usw. hätte kennen können, von denen das Recht die Entstehung der Handlungspflicht abhängig macht. Im Bereich der unechten Unterlassungsdelikte sind es die Umstände, auf denen die Garantenstellung des Unterlassenden beruht. Von dem Bewußtsein, gegen ein Rechtsgebot zum Handeln zu verstoßen, kann dagegen nicht schon die Pflichtwidrigkeit, sondern erst die Vorwerfbarkeit der Unterlassungstat abhängen.

Aus dem Gesagten folgt, daß auch bei den vorsätzlichen Unterlassungsdelikten der Vorsatz, wenngleich nicht als Element einer aktuellen, so doch als Voraussetzung einer erwarteten Finalität schon für den Unrechtstatbestand konstitutive Bedeutung hat. Allerdings wäre, wie sich gezeigt hat, ein Verstoß gegen eine Rechtspflicht zum Handeln auch bei fahrlässiger Unkenntnis der sie begründenden Umstände denkbar. Das Vorsatzerfordernis schließt indessen für den Bereich der vorsätzlichen Unterlassungsdelikte diese Möglichkeit aus[81]).

[81]) Immerhin ergäbe sich, und zwar als Konsequenz des nur negativen Handlungsunwerts, daß der eigentliche Wertunterschied zwischen vorsätzlicher und fahrlässiger Unterlassungstat erst im Schuldbereich liegen würde. Es fragt sich jedoch, ob nicht zum mindesten das unechte Unterlassungsdelikt auch einen positiven Unrechtsgehalt aufweist. In der Tat wird man sagen müssen, daß, im Rahmen der sozialen Wirklichkeit (oben S. 11f) betrachtet, das Schicksal des garantierten Rechtsguts dem Garanten derart in die Hand gegeben ist, daß sein Untätigbleiben wirkungs- und wertmäßig dem Gewicht eines rechtswidrigen Handelns grundsätzlich gleichkommt. Geht man aber hiervon aus, dann wird in der Person des vorsätzlich Unterlassenden die

Der Gedanke des »negativen Handlungsunwerts« bietet übrigens den Ansatzpunkt für eine Erfassung des typischen Unrechtsgehalts auch der unbewußt fahrlässigen Begehungsdelikte[82]), deren Verwandtschaft mit den Unterlassungsdelikten oft bemerkt worden ist. Das tatbestandsmäßige Unrecht erschöpft sich hier nicht im Erfolgsunwert. Hinzu kommen muß vielmehr, daß der Erfolg bei Erfüllung der dem Täter obliegenden Sorgfaltspflicht vermeidbar gewesen wäre. Maßstab des Rechtswidrigkeitsurteils ist also auch hier neben dem Nicht-sein-sollen ein Tun-sollen, wobei das Tun sowohl seelische als auch körperliche Leistungen umfaßt.

5. Es bleibt das Bedenken, ob die Einbeziehung der Finalität in den Unrechtsbereich nicht die Trennung von Unrecht und Schuld unmöglich machen würde. Bevor hierzu Stellung genommen werden kann, bedarf jedoch noch die bisher offen gelassene Frage der Erörterung, wieweit der fHL in der Gleichsetzung von tatbestandsmäßiger Finalität und Deliktsvorsatz gefolgt werden kann. Mit Vorsatz ist dabei wie bisher der psychologische Begriff, nicht der das Unrechtsbewußtsein mitumfassende dolus malus gemeint.

Die Einwendungen, die hier gegen die fHL erhoben werden können[83]), betreffen die Frage, ob der Begriff des Finalen überhaupt über den Bereich der Absicht hinaus ausgedehnt werden darf, und wenn ja, ob er dann nicht auch die bewußte Fahrlässigkeit mitumfassen müßte. Es kann hierzu nur der eigene Standpunkt kurz skizziert werden.

Ein Begriff des Finalen, der nur die Beziehung zum Tatziel und damit das eigentliche Antriebsmoment der Tat umfaßte, wäre an sich denkbar. Er würde sich auch mit dem »Wollen des Erfolgs« im Sinn des gemeinen Sprachgebrauchs decken, aber doch zu eng sein, um dem Anliegen zu genügen, um das es hier geht: nämlich den subjektiven Sinn der Handlung, das, was sie zur Willensverwirklichung und persönlichen Leistung des Täters macht, zu erfassen. Denn dazu gehört nicht nur die den Willensakt auslösende Vorstellung, vielmehr das gesamte Tatbild, das der Täter handelnd

---

Nichtvornahme des gebotenen Tuns zu einem die soziale Wirklichkeit gestaltenden und bewußt in diesem Sinn eingesetzten Mittel und damit zu einem »quasifinalen« Verhalten. Womit — im Bereich der unechten Unterlassungsdelikte — das vorsätzliche gegenüber dem fahrlässigen Unterlassen einen selbständigen Unrechtssinn erhält und zugleich ein weiteres Argument dafür gewonnen ist, daß auch im Fall des Unterlassungsdelikts der Vorsatz schon zum Unrechtstatbestand gehört.

[82]) Über die bewußt fahrlässige Begehung vgl. anschließend unter 5.

[83]) Siehe dazu Engisch, Probleme der Strafrechtserneuerung (Festschr. f. Kohlrausch S. 154ff.; Schröder, Festschr. f. Sauer S. 207ff.

vor Augen hat. »Umfaßt dieses Bild neben dem erstrebten Erfolg noch weitere Erfolge oder Handlungsmodalitäten, die dem Täter als notwendige oder auch nur mögliche Konsequenzen des erstrebten Erfolgs oder als mögliches alternatives Ergebnis seiner Tat erscheinen, so gehören auch diese zum finalen Gehalt der Handlung. . . . . Steuert der Täter trotz der Vorstellung von den möglichen unerwünschten Folgen sein Tun auf das erwünschte Ziel hin, so liegt auch der unerwünschte Erfolg von vornherein im Bereich dieser Steuerung und ist daher, wenn er tatsächlich eintritt, das 'Werk' des Täters und nicht nur das Ergebnis einer blinden Verursachung«[84]). Diese Auffassung der Finalität, die mir die einzige Alternative zur Gleichsetzung von Finalität und Absicht zu sein scheint, gibt, auch vom Verbotsinhalt her gesehen, einen guten Sinn: Verboten i. S. des Handlungsunwerts ist ein Verhalten, mit dem der Deliktserfolg erstrebt wird, aber auch ein Verhalten in dem Bewußtsein, daß der Deliktserfolg damit notwendig oder möglicherweise verbunden ist.

Freilich läßt sich von der hier vertretenen Auffassung aus schwerlich vermeiden, den Begriff der Finalität auch auf die bewußte Fahrlässigkeit zu erstrecken[85]); jedenfalls, wenn man die Grenze zwischen ihr und dem bedingten Vorsatz so zieht, wie die herrschende Lehre es tut. Dieses Ergebnis erscheint aber auch sachlich gerechtfertigt. Denn hinter dem Abstellen auf die vermeintliche Willentlichkeit beim dolus eventualis und die Nicht-Willentlichkeit bei der bewußten Fahrlässigkeit steckt im Grund ein Unterschied in der Motivations- und Gesinnungswertung: den Deliktserfolg »nimmt in Kauf«, wessen Handeln nicht durch die Hoffnung oder Erwartung bestimmt wird, ihn vermeiden zu können, wer also durch die Tat seine Gleichgültigkeit gegenüber dem geschützten Rechtsgut oder den Anforderungen der Rechtsordnung dokumentiert. Das aber sind Erwägungen, die nicht den finalen Sinn der Handlung, sondern das Maß ihrer Vorwerfbarkeit betreffen[86].)

Daß sich die Begriffe Finalität und Vorsatz somit nicht vollständig decken, ist sicher ein Schönheitsfehler. Besondere systematische Schwierigkeiten aber dürften sich daraus nicht ergeben, da der Vorsatz, auch soweit er wie beim dolus eventualis über den Bereich der Finalität und damit des Unrechtstatbestands hinaus-

---

[84]) Gallas, Materialien zur Strafrechtsreform, Bd. 1, S. 128.

[85]) So auch Engisch a. a. O. S. 155.

[86]) Engisch a. a. O.; Bockelmann, Über das Verhältnis von Täterschaft und Teilnahme S. 24, N. 44.

reicht, jedenfalls dem Schuldtatbestand und damit dem Deliktstypus der Vorsatztat angehört.

V.

Mit dem Begriff »Vorwerfbarkeit« ist bereits das Stichwort für die Erörterung der Einwendungen gefallen, die im Hinblick auf das Verhältnis von Unrecht und Schuld gegen die Einbeziehung der Finalität in den Unrechtstatbestand erhoben worden sind. Lassen sich — das war die bisher noch zurückgestellte Frage — Unrecht und Schuld überhaupt noch trennen, wenn der Vorsatz oder genauer: sein finaler Gehalt zum Unrechtsmerkmal wird?

Die fHL[87]) bejaht die Frage, sieht aber den Unterschied nicht im Gegenstand der Bewertung, sondern im Bewertungsmaßstab. Gegenstand der Bewertung sei in beiden Fällen die Handlung (einschließlich ihres finalen Elements, des Vorsatzes!). Im Rechtswidrigkeitsurteil werde sie auf ihre sachliche Richtigkeit, d. h. auf ihre objektive Übereinstimmung mit der Rechtsordnung, im Schuldurteil dagegen auf ihre persönliche Vorwerfbarkeit hin beurteilt. Fragt man, worin der Vorwurf, wenn er begründet ist, bestehe, so erhält man die Antwort, er beziehe sich darauf, daß der Täter nicht richtig gehandelt habe, obwohl er rechtmäßig hätte handeln können. Dieses »Können» sei bei vorsätzlicher Begehung regelmäßig gegeben; es fehle aber daran und damit auch an der Schuld, wenn der Täter im Zustand der Zurechnungsunfähigkeit gehandelt oder in concreto trotz vorsätzlichen Handelns nicht die Möglichkeit gehabt habe, das Unrecht seines Tuns zu erkennen, oder ihm endlich angesichts der besonderen Tatsituation rechtmäßiges Handeln nicht zuzumuten gewesen sei.

So sehr dieser Gedankengang in seiner Klarheit zunächst besticht, hinterläßt er doch bei näherem Zusehen in einem grundsätzlichen Punkt Zweifel. Nach der Auffassung der fHL wird im Schuldurteil wie im Rechtswidrigkeitsurteil mit der Handlung auch der Handlungsentschluß als dem rechtlichen Sollen widersprechend mißbilligt. Das für die Schuld zusätzliche Moment der Mißbilligung liegt erst und allein darin, daß der Täter diesen Entschluß auch hätte vermeiden können. Indessen vermag, da der Begriff des Sollens für Schuld und Rechtswidrigkeit der gleiche ist, ein Mangel dieses Könnens das Nicht-gesollt-sein des Handlungsentschlusses nicht auszuschließen. Denn sonst würde mit der Schuld

[87]) Siehe zum Folgenden Welzel, Neues Bild, 2. Aufl., S. 32ff.; Dt. Strafrecht, 3. Aufl., S. 102ff.

auch die Rechtswidrigkeit entfallen. Es zeigt sich also, wie mir scheint, daß die Schuld, seitdem sie den Handlungsentschluß als ein ihr allein vorbehaltenes Wertungsobjekt verloren hat, damit auch den normativen Anknüpfungspunkt verloren hat, den sie, jedenfalls nach herrschender Lehre, hierin besessen hatte. Ohne solchen eigenen gegenständlichen Bezug ist aber das Schuldurteil als ein gegenüber dem Rechtswidrigkeitsurteil selbständiges rechtliches Sollensurteil nicht zu begründen.

Es besteht indessen für die Schuld noch eine andere Möglichkeit der normativen Anknüpfung. Sie ergibt sich, wenn man sich fragt, worin eigentlich der sachliche Grund für die Verbindung von Vorwerfbarkeit und Können liegt. Er liegt darin, daß, wer sich in Freiheit gegen das Recht entscheidet, damit eine Haltung bekundet, die der widerspricht, die die Rechtsordnung von dem ordentlichen und gewissenhaften Rechtsgenossen fordert. Schuld ist somit Vorwerfbarkeit der Tat mit Rücksicht auf die darin betätigte rechtlich mißbilligte Gesinnung. Unter Gesinnung ist dabei nicht eine dauernde Artung des Täters, also auch nicht seine individuelle Gefährlichkeit i. S. der Spezialprävention zu verstehen. »Es handelt sich vielmehr um den Wert oder Unwert der in der konkreten Tat aktualisierten Haltung, um den Schluß, der bei einer generalisierenden, an sozialethischen Wertmaßstäben orientierten Betrachtung aus einer solchen Tat und ihren Beweggründen auf die Gesamteinstellung des Täters zu den Anforderungen des Rechts zu ziehen ist«[88]).

In einem finalen System kann somit, wie uns scheint, der Unterschied zwischen Unrecht und Schuld nur der zwischen Handlungsunwert und Gesinnungsunwert der Tat sein. Dabei ist es so, daß mit dem Handlungsunwert der vorsätzlich begangenen Tat regelmäßig auch der Gesinnungsunwert gegeben ist. Er fehlt nur dann, wenn es dem Täter trotz vorsätzlicher Begehung am Können mangelte. In der Handlungstypisierung liegt, so gesehen, zugleich eine mittelbare Gesinnungs- und damit Schuldvertypung, die erst im Falle eines Schuldausschließungsgrundes — Zurechnungsunfähigkeit, Verbotsirrtum[89]) und Unzumutbarkeit — ihre Korrektur am allgemeinen Schuldbegriff erfährt.

Rechtlich mißbilligte, d. h. hinter dem zu Grunde gelegten Modell mehr oder weniger zurückbleibende Gesinnung ist ein mate-

---

[88]) Gallas, Mezger-Festschr. S. 324.

[89]) Die heute de lege lata und de lege ferenda im Brennpunkt der Diskussion stehenden Fragen nach dem systematischen Ort und der rechtlichen Tragweite des Irrtums über das Verbotensein der Tat können hier nicht näher

rieller und damit graduierbarer Begriff. Daraus ergibt sich die Möglichkeit von Schuldmerkmalen, in denen der Gesetzgeber Grad und Außmaß der Vorwerfbarkeit typisiert[90].) Hierher gehören die schon erörterten sog. objektiven Schuldmerkmale, aber auch die sog. Gesinnungsmerkmale wie »böswillig«, »aus niedrigen Beweggründen«, »in gewinnsüchtiger Absicht« usw., deren systematische Einordnung bisher offengelassen worden war. Sie betreffen — anders als die sog. subjektiven Unrechtsmerkmale wie die Zueignungsabsicht beim Diebstahl oder der Täuschungszweck bei der Urkundenfälschung — nicht den Verbotssinn und damit den Handlungsunwert der Tat, vielmehr deren Vorwerfbarkeit mit Rücksicht auf die betätigte rechtlich mißbilligte Gesinnung[91]). Wollte man sie als Unrechtsmerkmale ansehen, so würde man damit das Prinzip preisgeben, nach dem in einem final orientierten System Unrecht und Schuld überhaupt noch unterscheidbar sind.

Der hier vorgelegte Versuch einer kritischen Würdigung des heutigen Stands der Lehre vom Verbrechen findet mit diesen Überlegungen zum Verhältnis von Unrecht und Schuld seinen Abschluß. Die Entwicklung des eigenen Standpunkts ist dabei von

---

verfolgt werden. Im Grundsätzlichen ist zu ihnen im Verlauf dieser Untersuchung bereits Stellung genommen worden. Rechnet man, wie es hier geschehen ist, den Vorsatz als Träger der Finalität bereits zum Unrechtstatbestand, so ist die Unterscheidung zwischen einem den Vorsatz ausschließenden Tatbestandsirrtum und einem die Schuld ausschließenden Verbotsirrtum unvermeidlich. Des weiteren läßt die von uns vertretene Gleichsetzung von Tatbestand und Deliktstypus Raum weder für die Annahme von unrechtsbegründenden Merkmalen, die nicht Tatbestandsmerkmale sind (S. 25ff) noch für die Auffassung der Rechtfertigungsgründe als negativer Tatbestandsmerkmale (oben S. 27f). Damit scheint bis auf die Ablehnung der besonderen Rechtswidrigkeitsmerkmale der Standpunkt akzeptiert, den die fHL zur Frage des Verbotsirrtums einnimmt. Es fragt sich indessen, ob sich nicht aus dem oben im Text über Handlungs- und Gesinnungsunwert, über das Verhältnis von Handlungstypisierung und Schuldvertypung Gesagten eine Modifikation dieses Standpunktes ergeben muß. Hat nicht danach der Vorsatz systematisch eine doppelte Funktion — nämlich die, im Unrechtsbereich Träger des subjektiven Handlungssinns, der Finalität, im Schuldbereich dagegen Ausdruck der mit der bewußten Tatbestandsverwirklichung typisch verbundenen rechtsfeindlichen oder rechtsgleichgültigen Gesinnung zu sein? Woraus insbesondere folgen würde, daß die irrtümliche Annahme einer rechtfertigenden Situation zwar den Vorsatz als solchen unberührt ließe, die Bestrafung aus dem Vorsatzdelikt aber ausschlösse, weil der damit vorausgesetzte Schuldtypus in diesem Ausnahmefall nicht gegeben wäre.

[90]) Siehe dazu oben S. 29f.

[91]) So auch R. Lange, JR. 1949, 166f., während Welzel, JZ. 1952, 73f. in den Gesinnungsmerkmalen personale Unrechtsmerkmale sieht.

dem Bestreben geleitet worden, die durch den Finalismus vertiefte Einsicht in das Wesen und die Struktur des menschlichen Handelns im Rahmen einer teleologisch orientierten Verbrechenssystematik fruchtbar zu machen. Denn entgegen gewissen Tendenzen der fHL in ihrer jüngsten Fassung erscheint es uns als das eigentliche Anliegen der gegenwärtigen dogmatischen Situation, eine Synthese zu finden zwischen den neuen Impulsen, die wir dem Finalismus verdanken, und gewissen unverzichtbaren Ergebnissen der vorausgehenden, vom Wert- und Zweckgedanken bestimmten Entwicklungsstufe unserer Wissenschaft.

FSC
www.fsc.org
MIX
Papier | Fördert gute Waldnutzung
FSC® C083411

Kolibri 360 GmbH
Ferdinand-Jühlke-Straße 7
99095 Erfurt, Deutschland
produktsicherheit@kolibri360.de